natürlich oekom!

Mit diesem Buch halten Sie ein echtes Stück Nachhaltigkeit in den Händen. Durch Ihren Kauf unterstützen Sie eine Produktion mit hohen ökologischen Ansprüchen:

- 100 % Recyclingpapier
- mineralölfreie Druckfarben
- Verzicht auf Plastikfolie
- Kompensation aller CO_2-Emissionen
- kurze Transportwege – in Deutschland gedruckt

Weitere Informationen unter www.natürlich-oekom.de und #natürlichoekom

natürlich oekom · nachhaltig seit 1989

Bibliografische Information der Deutschen Nationalbibliothek:
Die Deutsche Nationalbibliothek verzeichnet diese Publikation in der Deutschen Nationalbibliografie; detaillierte bibliografische Daten sind im Internet über www.dnb.de abrufbar.

oekom – Gesellschaft für ökologische Kommunikation mbH,
Waltherstraße 29, 80337 München

Lektorat: Lukas Elsler
Korrektorat: Petra Kienle
Satz: Markus Miller
Umschlaggestaltung: Jorge Schmidt, München
Umschlagabbildung: shutterstock, igor kisselev
Druck: CPI books GmbH, Leck

ISBN 978-3-96238-286-5

FSC www.fsc.org RECYCLED Papier aus Recyclingmaterial FSC® C083411

Alexander Schiebel

Gift und Wahrheit

Wie Konzerne und Politik ihre Macht missbrauchen, um Umweltaktivist*innen mundtot zu machen

oekom

INHALT

1

Der Auftakt zum Pestizidprozess

1.372 Strafanzeigen

Am Morgen des 29. September 2017 saß ich im Zug von Innsbruck nach Bozen. Vor meinem Fenster zogen die Dörfer des Wipptals vorbei. Gerade als wir den Brenner passiert hatten, riss mich der Klingelton meines Mobiltelefons aus meinen Gedanken. Eine Journalistin aus Südtirol war am Apparat und kam ohne Umschweife zur Sache: »Herr Schiebel, was sagen Sie zu der Strafanzeige gegen Sie?«

Ich verstand nur Bahnhof. Als die Journalistin das merkte, legte sie nach: »Haben Sie es noch nicht gehört? Landesrat Arnold Schuler hat bei der Bozner Staatsanwaltschaft Strafanzeige gegen Sie erstattet.«

Landesrat Arnold Schuler war in Südtirol für die Landwirtschaft zuständig. Außerdem war er Landeshauptmann-Stellvertreter.

»Davon habe ich tatsächlich noch nichts gehört«, sagte ich zögernd.

»Der Landesrat meint, er habe es sich lange und gut überlegt, aber es müsse nun ein Zeichen gesetzt werden.«

Mit einer Strafanzeige setzt man doch keine politischen Zeichen, ging es mir durch den Kopf. Stattdessen fragte ich: »Was wirft er mir denn vor, der Herr Landesrat Schuler?«

»Er behauptet, Sie hätten in Ihrem Buch *Das Wunder von Mals*, ich zitiere, ›schwerwiegende Vorwürfe und unwahre Behauptungen in Umlauf gebracht‹.«

»Und welche wären das, wenn ich fragen darf?«

»Dort sei von ›vorsätzlicher Tötung‹ die Rede. Die Südtiroler Obstwirtschaft könne sich das nicht länger widerspruchslos gefallen lassen.«

Jetzt verschlug es mir wirklich die Sprache. Die Journalistin setzte unbarmherzig nach: »Was sagen Sie nun dazu, Herr Schiebel?«

»Ich sage dazu, dass der Herr Landesrat die Passage aus meinem Buch, auf die er sich vermutlich bezieht, offenbar nicht verstehen kann oder will.«

»Wieso?«

»In der Passage, auf die Sie anspielen, geht es gar nicht um den Straftatbestand der ›vorsätzlichen Tötung‹, sondern um ein Verbrechen, das noch keinen Eingang ins Strafgesetzbuch gefunden hat. Es geht um das ›vorsätzliche Ignorieren von Fakten mit Todesfolge‹.«

Mein Buch *Das Wunder von Mals* war Anfang September 2017 erschienen. Die Passage, die man ausgewählt hatte, um mich vor Gericht zu zerren, befand sich in einem Kapitel über die gesundheitlichen Auswirkungen von Pestiziden. Darin berichtete ich, dass die Obstbauern in Südtirol sich wegen der Kritik an ihrem massiven Pestizideinsatz an den Pranger gestellt fühlten. Sie seien doch keine Mörder, sagten sie. Das nicht, schrieb ich, doch es gebe Todesopfer und einen Vorsatz gebe es auch. Zwar nicht den Vorsatz zu töten, aber immerhin den Vorsatz, die Gefahren und Folgen des hohen Pestizideinsatzes zu übersehen: ein vorsätzliches Ignorieren von Fakten mit Todesfolge eben.

So sehr mich die Nachricht über die Strafanzeige des Landesrats erstaunt hatte, diese erste Überraschung war gar nichts im Vergleich zu jenen Überraschungen, die mir in den folgenden Tagen bevorstanden. Zunächst schloss sich der Vorstand der VI.P (des Verbands der Vinschgauer Produzenten von Obst und Gemüse) der Strafanzeige des Landesrats an. Die VI.P ist der zweitgrößte Apfel-Produktions- und Vermarktungskonzern in Südtirol. In einer Aussendung forderte deren Vorstand seine Mitglieder dazu auf, sich der Strafanzeige von Landesrat Schuler ebenfalls anzuschließen.

Beinahe zeitgleich versandte auch die größte Vermarktungsorganisation für Äpfel in Südtirol (und in Europa), die VOG (Verband der Südtiroler Obstgenossenschaften), ein Schreiben an ihre 16 Mitgliedsgenossenschaften und deren rund 5.200 Genossenschaftsmitglieder. Der Brief wurde auch in Südtirols Medien veröffentlicht. Darin wurden die Angriffe auf die Südtiroler Obstwirtschaft beklagt, die ein Ausmaß angenommen hätten, das man nicht mehr hinnehmen könne. Deswegen seien nun Strafanzeigen wegen Rufschädigung durch üble Nachrede gegen Alexander Schiebel und gegen dessen Verleger eingebracht worden. Außerdem auch gleich gegen das Umweltinstitut München, das Schiebels »Angriffe« geteilt und unterstützt hätte. Als Zeichen der Solidarität und um geschlossenes Auftreten zu demonstrieren, mögen sich nun möglichst viele Südtiroler Obstbauern diesen Strafanzeigen anschließen.

Der letzte Satz des Aufrufs lautete: »Für die teilnehmenden Mitglieder entstehen keine Kosten; sie haben die Möglichkeit im Falle einer Anklage durch den Staatsanwalt als Nebenkläger aufzutreten.«

Als ich diese letzte Zeile las, zuckte ich zusammen. Sollte es zu einem Gerichtsprozess kommen und sollten die Kläger diesen Prozess gewinnen, könnte jeder einzelne Nebenkläger Schadensersatz von mir fordern. Obwohl ich mir sicher war, nichts Unrechtes getan zu haben, sah ich mich im Geiste bereits auf Lebenszeit mit hohen Geldforderungen und mit unliebsamen Besuchen von Gerichtsvollziehern konfrontiert. Ich wusste damals noch nicht, dass bei »Rufschädigung durch üble Nachrede« in Italien daneben auch bis zu einem Jahr Gefängnis droht.

Noch in derselben Woche erstattete auch der Vorstand des Südtiroler Bauernbundes Strafanzeige. Bis Oktober 2017 folgten insgesamt 1.372 Obstbauern dem Aufruf der Apfelwirtschaft und schlossen sich als Nebenkläger der Strafanzeige gegen Karl Bär vom Umweltinstitut München und gegen mich an. Dass auch mein Verleger Jacob Radloff sowie der gesamte aktuelle und ehemalige Vorstand des Münchner Umweltinstituts angezeigt worden waren, wusste ich zu diesem Zeitpunkt noch nicht. Ich wusste auch noch nicht, dass dieser Strafanzeige tatsächlich ein Strafprozess folgen sollte, der auf Wikipedia später als das »in Deutschland bekannteste SLAPP-Verfahren« bezeichnet werden würde. In Wirklichkeit wusste ich zu diesem Zeitpunkt noch nicht einmal, was ein SLAPP-Verfahren eigentlich war.

Bevor der Prozess zu Ende war, würden führende Medien in Deutschland, Österreich und der Schweiz darüber zur Primetime und auf ihren Titelseiten berichtet haben. Über 100 NGOs, fast 500.000 Petitionen-Unterzeichner:innen und Abgeordnete aus regionalen und nationalen Parlamenten im deutschsprachigen Raum würden sich zu Wort gemeldet haben, ja sogar eine EU-Kommissarin und einige Abgeordnete aus dem Europaparlament. Ein Sturm zog auf und ich würde ihn auf eine Weise erleben wie kein anderer der Beteiligten.

An jenem Tag im September war ich mit gutem Grund beunruhigt. Hätte ich jedoch auch nur geahnt, wie nah die Ereignisse der kommenden Jahre mich und meine Familie an den Abgrund bringen würden, dann wären Angst und Entsetzen vielleicht das angemessenere Gefühl gewesen.

2

Pestizide und intensive Landwirtschaft

Eine kurze Geschichte der Monokulturen

Um zu verstehen, wie ich in diese Lage geraten konnte, müssen wir weit ausholen. Vor etwa 200 Jahren begann eine gewaltige Transformation unseres Wirtschaftslebens, bei der kein Stein auf dem anderen blieb – und die auch vor der Landwirtschaft in Südtirol nicht Halt machte: die industrielle Revolution. Menschen wurden durch Maschinen ersetzt, Handwerksbetriebe wandelten sich in Manufakturen und dann in Fabriken. Innerhalb dieser Fabriken und zwischen ihnen nahm die Arbeitsteilung zu. Produkte wurden standardisiert, Verfahren wurden optimiert. Durch den unaufhaltsamen Aufstieg der industriellen Massenproduktion wurden immer neue Produkte in immer kürzeren Intervallen auf den Markt geworfen. Gleichzeitig nahm der Warenverkehr zwischen den verschiedenen Weltregionen zu, sodass jede Region sich auf die Herstellung jener Produkte spezialisieren konnte, die am betreffenden Standort besonders gut produziert werden konnten. Durch diesen Handel zwischen den Regionen und durch technologische Innovationen, die immer schneller aufeinanderfolgten, wuchs auch der Wettbewerbsdruck. Unternehmen, die wirtschaftlich überleben wollten, waren gezwungen, sich ständig zu erneuern. Auch in der Landwirtschaft.

Davor war die Landwirtschaft in Europa über viele Jahrhunderte hinweg eine reine Subsistenzwirtschaft gewesen. Die Bauern produzierten, was sie selbst brauchten, und versorgten vielleicht noch die nächstgelegene Stadt. Davon wurden sie nicht reich – im Gegenteil. Eine Dürre oder eine Überschwemmung genügte, um viele von ihnen in existenzielle Not zu stürzen.

Vor diesem Hintergrund war verständlich, warum viele Landwirte sich für neue technologische Möglichkeiten begeisterten. Maschinen erleichterten ihnen die harte Arbeit auf dem Feld und steigerten gleichzeitig den Ertrag. Die neuen Transportmöglichkeiten mit Eisenbahn und Dampfschiff sorgten dafür, dass Güter zuverlässig und schnell auch über weite Strecken transportiert werden konnten. Auch die Landwirte konnten sich nun spezialisieren. Und zwar auf jene Produkte, für die ihre Böden und ihr Klima am besten geeignet waren. Überall auf der Welt entstanden dadurch gewaltige Monokulturen – Fabrikanlagen unter freiem Himmel, wenn man so will.

So auch in Südtirol, dessen Täler sich hervorragend für den Anbau hochwertiger, köstlicher Früchte eignen. Ende des 19. Jahrhunderts wurden bei der Obstgenossenschaft Meran über 200 verschiedene Apfel- und Birnensorten angeliefert. Diese Vielfalt konnte dank der modernen Verkehrsmittel in alle Welt exportiert werden: Die neuen Bahnverbindungen der österreichischen Südbahn dienten nicht nur dem Transport von Fahrgästen zum »Südbalkon der k. u.k.-Monarchie«, sie ermöglichten auch den raschen Transport von Obst in den Norden. Im Gleichschritt mit der steigenden Nachfrage wurde auch die Obstproduktion in Südtirol ausgeweitet. Auf gleichbleibender Fläche pflanzte man immer mehr Bäume, erntete immer mehr Früchte.

Bis ins späte 19. Jahrhundert prägten in Südtirol noch Streuobstwiesen das Landschaftsbild. Riesige Apfelbäume mit weit ausladenden Kronen wuchsen im Abstand von rund 20 Metern voneinander. Prächtige, langlebige, beeindruckende Baumgiganten. So hoch, dass man zur Erntezeit hohe Leitern benötigte. Zwischen diesen Apfelbäumen fand sich reichlich Platz zur Heugewinnung für das Vieh. Denn auf einem Hektar Land standen selten mehr als 60 solcher Baumriesen. Auch zwischen diesen

Obstwiesen entdeckte man noch Vielfalt: Hecken, Baumgruppen, Bäche, Hügel.

Doch Anfang des 20. Jahrhunderts begann sich das Landschaftsbild zu wandeln. Die Logik der Ertragssteigerung setzte sich durch. Vielfalt wurde eingeebnet, Felder wurden begradigt. Nun wurden schon 200 bis 400 Apfelbäume auf einem Hektar gepflanzt. Ein halbes Jahrhundert später, in den 1960er-Jahren, war die Anzahl bereits auf 400 bis 600 Bäume pro Hektar angestiegen. Und als sich schließlich niedrige, strauchartige Apfelbäumchen durchsetzten, stieg die Anzahl der Bäume pro Hektar auf 1.500 bis 3.000.

Da diese strauchartigen Bäumchen ohne Stütze umfallen würden, band man sie an langen Reihen von Betonpfeilern fest. Dazwischen wurden »Fahrgassen« für Traktoren angelegt, um die Bäumchen mit Geräten und Maschinen leicht erreichen zu können.

Heute findet man bis zu 20.000 dieser »Apfelsträucher« auf einem einzigen Hektar Land. Zur Erntezeit benötigt man nun keine Leitern mehr. Ein Heer von Erntehelfern pflückt die reifen Äpfel jetzt einfach und schnell von automatisierten Hebebühnen aus und füllt damit Kiste um Kiste.

Zeitgleich mit der explosionsartigen Zunahme der Quantität kam es im 20. Jahrhundert zu einem dramatischen Rückgang der Vielfalt. In den 30er-Jahren hatte sich die Arten- und Sortenvielfalt in Südtirol bereits mehr als halbiert. Ein Obsthändler aus Lana führte im Jahre 1936 immerhin noch 57 Apfel- und 24 Birnensorten in seinem Sortiment.

Diese 57 Apfelsorten trugen wohlklingende und vielversprechende Namen. Neben dem »Maschanzger«, dem »Weißen Rosmarin« und dem »Köstlichen« bot man auch den »Lachenden Mantuaner«, den »Böhmer«, den zierlichen »Schlatterer«, den »Lederer«, den »Blattling« und den »Härtling« an. Dazu den »Kaiserapfel« und den »Muskatellapfel«. Die meisten dieser Sorten gab es schon seit dem Mittelalter. Andere Sorten wurden im 19. Jahrhundert in Südtirol gezüchtet. Wie zum Beispiel der prachtvoll gefärbte »Edelrote« oder der »Wintercalville«, der als »König der Äpfel« gepriesen wurde. Ihn exportierte man nach Deutschland und Russland, in die Türkei und nach England, ja sogar bis nach China und Japan.

Doch die Vielfalt der Südtiroler Apfelwelt begann zu schwinden, als Äpfel aus den USA die Weltmärkte zu erobern begannen. Eine kleine Anzahl von Apfelsorten wurde nun weltweit von den Konsumenten bevorzugt. Die Sorten »Golden Delicious«, »Morgenduft« und »Jonathan« machten Ende der 60er-Jahre zusammen bereits 68 Prozent der Südtiroler Apfelernte aus. Anfang der 90er- Jahre erreichte der »Golden Delicious« allein einen Anteil von 45 Prozent an der Gesamternte.

Im Gegenzug schrumpfte der Anteil der »diversen« Sorten von 85 Prozent in den 1920er-Jahren auf nur noch 1 Prozent in den 1990ern. Und zusammen mit Südtirols Apfelsorten verschwanden auch Südtirols Birnen. Ihr Anteil an der Gesamternte fiel von rund 20 Prozent in den 60er-Jahren auf nur noch 1 Prozent in den 90ern.

Heute umfasst Südtirols Apfelsortiment nur mehr wenige (beinahe ausschließlich überseeische) Apfelsorten. Die neuen amerikanischen Sorten brachten zwar größere Ernteerträge, aber sie hatten auch große Nachteile. Da sie viel weniger haltbar waren, waren von nun an große Obstmagazine mit Kühlzellen nötig, um sie das ganze Jahr über verkaufen zu können. Der Energieeinsatz stieg dadurch enorm. Die haltbaren heimischen Wintersorten waren vom Markt verschwunden.

Kühlzellen und Traktoren waren wichtige Innovationen für Südtirols Apfelanbau. Doch die wichtigsten Innovationen für die Landwirtschaft kamen von den Chemiekonzernen. Zwischen 1905 und 1908 entwickelte der Chemiker Fritz Haber die katalytische

Ammoniak-Synthese. Dem Industriellen Carl Bosch gelang es daraufhin, ein Verfahren zu erfinden, das die massenhafte Herstellung von Ammoniak ermöglichte. Dieses Haber-Bosch-Verfahren bildete die Grundlage der Produktion von synthetischem Stickstoff-Dünger. Die Böden konnten nun mit »Kraftnahrung« versorgt werden. Der Ernteertrag stieg dramatisch an und die Böden blieben trotz Dauerbelastung fruchtbar.

Der Siegeszug der Monokulturen schien unaufhaltsam. Doch er brachte eine Reihe von Problemen mit sich, die nur im intensiven Anbau auftraten und mit denen sich die Landwirtschaft bis heute herumschlägt. Eines davon ist die Abnahme der biologischen Vielfalt in Monokulturen.

Das Zusammenspiel verschiedener Arten in einem Ökosystem ist komplex. Stark vereinfacht passierte Folgendes: Stellen wir uns vor, ein Landwirt kultiviert 100 verschiedene Pflanzenarten auf 100 Hektar Fläche. Von diesen Pflanzen leben 100 verschiedene Insektenarten und von diesen Insekten wiederum 100 Vogelarten. Was geschieht, wenn der Landwirt sich entscheidet, nur noch 10 Pflanzenarten anzubauen? Das Resultat ist so vorhersehbar wie verheerend: 90 von 100 Insektenarten finden nichts mehr zu fressen. Und 90 von 100 Vogelarten ebenfalls. Sie ernährten sich von den 90 verschwundenen Insektenarten.

Die verbliebenen Insektenarten wähnen sich jedoch im Paradies. Sie haben nun ein endloses Nahrungsangebot und die meisten ihrer natürlichen Feinde sind verschwunden. Für die Blattlaus, die nun zum Nachbarbaum blickt, ist das eine erfreuliche Aussicht. Früher lebten dort viele Marienkäfer, die im Laufe ihres Lebens Unmengen von Blattläusen verzehrten. Doch dieses Korrektiv existiert nicht mehr. Das Resultat: eine unkontrollierte Vermehrung der Blattlaus. Diese Überpopulation schwächt die Bäume und reduziert den Ernteertrag. Die Blattlaus wird zum »Schädling«, genau wie einige andere Insekten, die ihr Leben in diesem Monokultur-Paradies in vollen Zügen genießen.

Was also tun gegen diese Bedrohung der Pflanzen, der Ernte und des bäuerlichen Einkommens? Unser Bauer sucht nach einer Lösung für dieses bedrohliche Problem – und die Chemiekonzerne liefern sie: Von nun an »behandelt« er seine Pflanzen mit Insektiziden und vernichtet die »Schädlinge« mit der chemischen Keule.

Dabei vernichtet er leider auch einige der noch verbliebenen anderen Insektenarten. Und gleichzeitig einige der letzten verbliebenen Vogelarten, die von diesen Insektenarten gelebt hatten. Die Vielfalt nimmt immer weiter ab. Das »Schädlingsproblem« verschärft sich dadurch. Der Landwirt befindet sich in einem Teufelskreis.

Doch es kommt noch schlimmer: Das Problem verschärft sich abermals, als unser Bauer feststellt, dass mit den globalen Warenströmen auch Schädlinge aus fernen Weltregionen eingeschleppt wurden. Die lokalen Pflanzen kennen keine Abwehr gegen diese Angreifer.

Mit jeder neuen schlechten Nachricht spritzt unser Bauer immer neue Gifte in immer größeren Mengen. Einige der »Schädlinge«, gegen die er buchstäblich Krieg führt, bilden bereits Resistenzen gegen die von ihm eingesetzten Insektizide. Er benötigt neue und wirksamere Mittel, um die Schädlingsplage zu bekämpfen.

Ohne es zu bemerken, hat der Bauer ein System geschaffen, in dem er von den Giften der Agrochemie abhängig ist. Er benötigt diese »Pflanzenschutzmittel« zum Betrieb seiner »Fabrikanlage unter freiem Himmel« wie die Luft zum Atmen.

Nun setzt unser Bauer nicht nur Insektizide ein. Er bringt auch Fungizide aus, zur Bekämpfung des Pilzbefalls in seinen Apfelmonokulturen. Er bekämpft damit ein Problem, das er durch diese Monokultur zum Teil selbst geschaffen hat. Die übermäßige Feuchtigkeit, die durch zu dicht stehende »Baumsträucher« in

Monokulturen entsteht, führt nämlich zu erhöhtem Pilzbefall, auch weil die Früchte auf den Baumsträuchern viel zu tief hängen. Auf hochstämmigen Apfelbäumen ist Pilzbefall weniger häufig, da die Früchte dort viel weiter vom Boden entfernt sind. Dort oben ist es nicht nur weniger feucht, dort werden die Äpfel auch, etwa nach einem Regenguss, viel schneller wieder trocken, da viel mehr Sonnenstrahlen ihre Oberfläche erreichen.

Doch damit nicht genug: Um die Erträge in Monokulturen weiter zu optimieren, verwendet unser Bauer Herbizide. Er bekämpft damit jene Pflanzen, die möglicherweise um Nährstoffe mit seiner Kulturpflanze konkurrieren. Er bezeichnet diese Pflanzen als »Unkraut«. In Südtiroler Apfelanlagen wird dieses Unkraut im Wurzelbereich der Bäume mit Herbiziden bekämpft, zum Beispiel mit Glyphosat. Unter den Bäumen entstehen dadurch braune Streifen verbrannter Erde.

Die Herbizid-Behandlungen führen nicht nur zu Ertragssteigerung, Kostensenkung und Gewinnmaximierung, sondern auch zu einer weiteren Reduktion der Pflanzenvielfalt. Dies erhöht wiederum die Instabilität solcher Monokulturen. Denn mit der Pflanzenvielfalt verschwinden weitere Insektenarten, wie Bienen oder Wildbienen, die auf das Nahrungsangebot bestimmter Pflanzen angewiesen waren.

Ein weiterer Teil der Probleme im intensiven Obstbau entsteht durch die Wahl der Sorten. Viele der genannten Probleme würden beim Anbau lokaler Apfelsorten entweder gar nicht auftreten oder in viel geringerem Ausmaß. Die vom Konsumenten bevorzugten amerikanischen Sorten sind hingegen anfällig und müssen besonders oft mit Pestiziden behandelt werden. Da überdies nur sehr wenige Sorten angebaut werden, nimmt auch die genetische Vielfalt ab, was zu einer weiteren Abnahme der Widerstandskraft dieser Pflanzen führt.

Es ist also kein Wunder, dass der Gifteinsatz im Apfelanbau höher ist als bei jeder anderen Kulturpflanze in Europa: Keine andere Kulturpflanze wird häufiger mit Insektiziden, Fungiziden und Herbiziden »behandelt«.[1]

Der Apfelanbau in Südtirol ist nur ein Beispiel für den Anbau in Monokulturen, der sich weltweit auf dem Vormarsch befindet. Monokulturen versprechen reiche Ernten und Gewinne, müssen jedoch durch den massiven Einsatz von Pestiziden stabilisiert werden. Die Übertragung der Idee der Massenproduktion auf die Felder der Bauern war nur auf Basis der Agrochemie durchführbar. Auf der Basis von Kunstdünger und Pestiziden.

Lange Zeit konnte man die ökologischen Folgen dieses ökonomisch so erfolgreichen Modells ignorieren. Doch im Laufe der zweiten Hälfte des 20. Jahrhunderts begann dieses Bild zu bröckeln, als die negativen Folgen dieser Anbauweise immer klarer zu Tage traten. Heute, im 21. Jahrhundert, ist es offensichtlich, dass diese Form der Landwirtschaft uns in eine Sackgasse geführt hat. Das mechanistische, reduktionistische Verständnis von Landwirtschaft beruht auf einem unzureichenden Verständnis von Ökosystemen und natürlichen Zusammenhängen.

Je länger wir diese Art der Landwirtschaft praktizieren, desto offensichtlicher werden die teils verheerenden Nebenwirkungen. Monokulturen zerstören die Vielfalt in der Natur, weshalb eine auf diese Weise betriebene Landwirtschaft niemals nachhaltig sein kann, sondern sich selbst und unsere Lebensgrundlagen zugrunde richtet.

Wie das Gift zu dir gelangt und dich krank macht

Wenige Wochen, nachdem ich von der Welle der Strafanzeigen in Südtirol erfahren hatte, war ich in Süddeutschland unterwegs, um aus meinem Buch vorzulesen. Ich hatte nicht vor, mich einschüchtern zu lassen. Jeden Abend erzählte ich von dem ungleichen Kampf zwischen einem kleinen Dorf in den Alpen und der mächtigen Agrarlobby. Ich berichtete vom »Wunder von Mals«.

Mals liegt südlich des Hauptkammes der Alpen, an der Grenze zwischen Italien, Österreich und der Schweiz, am oberen Ende des Vinschgau. Mit nur etwa 5.000 Einwohnern ist die Bevölkerungszahl überschaubar. Dennoch erstreckt sich das Gemeindegebiet über beachtliche 24.000 Hektar (also 240 Quadratkilometer), was Mals zu einer der größten Gemeinden Südtirols macht. Die Landschaft hier ist vielfältig, ebenso wie die landwirtschaftliche Nutzung. In dieser Welt von atemberaubender Schönheit ist der Lauf der Zeit noch kein reißender Strom, sondern eher ein gemächlich dahinplätschernder Bach.

Nur wenige Kilometer südlich von Mals sieht die Landschaft und Landwirtschaft hingegen ganz anders aus. Dort beginnt das größte zusammenhängende Apfelanbaugebiet Europas. Es zieht sich durch das gesamte Etschtal, vom Vinschgau im Norden bis zur Salurner Klause im Süden. So weit das Auge reicht, steht Betonpfeiler an Betonpfeiler. Diese Betonpfeiler stützen endlose Reihen kleiner, strauchartiger Apfelbäumchen, überspannt von braunen, grauen oder schwarzen Hagelnetzen. Besteigt man einen der Berghänge, so wird das volle Ausmaß dieser Landschaftszerstörung sichtbar. Und noch etwas sieht man von dort oben: Von Anfang März bis Ende

September tuckern Traktoren durch die Fahrgassen zwischen den Betonpfeilern und Apfelbäumchen. Aus den Tanks, die sie hinter sich herziehen, steigen dabei meterhohe Pestizidwolken auf. Und nicht selten verweht der Wind diese giftigen Nebel über das ganze Tal.

In den ersten Jahrzehnten des neuen Jahrtausends begann sich auch im oberen Vinschgau das Bild allmählich zu wandeln. Jahr für Jahr rückten die Apfelplantagen näher an Mals heran. Wie Soldaten in Reih und Glied marschierten junge Apfelbäume, begleitet von ihren Betonpfeilern, auf das idyllische Dörfchen zu. Hagelnetze breiteten sich aus wie Flecken in der Landschaft. Metastasen einer unheilbaren Krankheit.

Sollte nun ganz Südtirol von Monokulturen überrannt und in Pestizidwolken gehüllt werden? Nein! Denn eine mutige Gruppe von Dorfbewohnern aus Mals leistete den Eindringlingen aus dem Süden tapfer Widerstand. Im September 2014 organisierten die Malser eine lokale Volksabstimmung gegen die Zerstörung ihres Lebensraums. Beeindruckende 76 Prozent der Einwohner:innen stimmten für ein Verbot von chemisch-synthetischen Pestiziden auf dem gesamten Gemeindegebiet und damit auch gegen die Intensivierung der Landwirtschaft.

Mals sollte zur ersten echten pestizidfreien Gemeinde Europas werden. Pestizidfrei nicht nur in einigen Parkanlagen oder auf gemeindeeigenen Flächen. Nein! Pestizidfrei auch auf allen landwirtschaftlich genutzten Flächen! Die Menschen in Mals wollten und wollen ein giftfreies Dorf – saubere Luft, sauberes Trinkwasser und unbelastete Lebensmittel.

Die Obstwirtschaft in Südtirol zeigt dafür wenig Verständnis. Eines ihrer Argumente lautet: »Es gibt Spritzdüsen, die wahre Wunder bewirken. Unsere Pestizide bleiben genau dort, wo wir sie ausbringen. Dort werden sie von der Natur abgebaut. Daher besteht kein Grund zur Sorge.«

Aber stimmt das auch? In manchen Fällen ja. In anderen nein. Denn es gibt Pestizidwirkstoffe, die erstaunlich langsam abgebaut werden und erstaunlich lange nachwirken. Eine Eigenschaft, die als hohe »Persistenz« bezeichnet wird. Diese langlebigen Pestizide finden ihren Weg in Bäche und Flüsse, ins Grundwasser und ins Trinkwasser. Sie werden durch die Luft verweht und sie befinden sich auch auf oder in nahezu jedem Lebensmittel, das wir im Supermarkt kaufen – sofern es nicht aus biologischem Anbau stammt.

Zahlen dazu gibt es zum Beispiel aus Deutschland, wo zwar fast keine Äpfel angebaut, aber ähnliche Pestizide eingesetzt werden.[2] Kleine Bäche, nicht breiter als drei Meter, bilden einen Großteil der Fließgewässer in Deutschland und weiten Teilen (Mittel)Europas. Laut Umweltmonitoring sind sie stark mit Pestiziden belastet, da sie häufig durch landwirtschaftlich genutzte Flächen verlaufen. Die »regulatorisch akzeptable Konzentration von Pestizidrückständen« wird in 80 Prozent der Bäche überschritten, in jedem dritten Bach sogar bei mehreren Pestiziden gleichzeitig. Über die Bäche gelangen die langlebigen Pestizide in die Flüsse und Meere. Durch Versickern erreichen sie auch das Grundwasser, wo sie oft über Jahrzehnte nicht abgebaut werden.

Schon 1991 wurde das wassergefährdende Pestizid Atrazin vom Markt genommen. 25 Jahre später, im Jahr 2016, findet man es immer noch an jeder fünften Grundwasser-Messstelle. Etwa ein Drittel des Grundwassers in Deutschland ist belastet, und zwar nicht nur durch Pestizide, sondern auch durch deren Abbauprodukte. Einzig die Nitratbelastung des Grundwassers, ebenfalls eine Folge der Intensivlandwirtschaft, ist noch gravierender als die durch Pestizide. Der Hauptverursacher dafür ist die Milch- und Fleischproduktion, genauer gesagt die Ausbringung von 188 Millionen Kubikmetern Gülle pro Jahr auf Deutschlands Feldern.

Doch Pestizide finden nicht nur über den Wasserkreislauf, sondern auch durch die Luft ihren Weg an Orte, an denen wir sie nicht haben wollen. Die feinen Sprühnebel, die bei der Ausbringung entstehen, werden vom Wind auf benachbarte Gebiete verweht. Dieses Phänomen nennt man »Abdrift« – und es betrifft nicht nur die unmittelbare Nachbarschaft, sondern kann sich in bis zu tausend Kilometern entfernten Orten auswirken. Zu solchen »Ferntransporten« kommt es, wenn Pestizidwirkstoffe in hohe Luftschichten aufsteigen. Luftströmungen verteilen die feinen Partikel, Aerosole genannt, in alle Himmelsrichtungen. Sobald es regnet, fallen sie auf den Boden zurück und gelangen so praktisch überall hin.

Ein eindrückliches Beispiel für das Abdrift-Problem stammt aus Südtirol. Hier wurden Grasproben auf Spielplätzen und in Schulhöfen gesammelt. Die Ergebnisse waren alarmierend: 96 Prozent der Proben waren mit Pestizidwirkstoffen belastet. In 79 Prozent wurden sogar mehr als ein Pestizid nachgewiesen. Drei Viertel aller Proben enthielten hormonaktive Substanzen, die schon in geringsten Dosen wirksam sein können. Darunter befand sich auch das in der EU inzwischen verbotene Insektizid Chlorpyrifos, das neurotoxisch wirkt und die Gehirnentwicklung von Kindern und Ungeborenen beeinträchtigen kann.[3]

Zum Thema Ferntransport von Pestiziden ist eine Studie aus dem Jahr 2020, die das Umweltinstitut München zusammen mit dem Bündnis für eine enkeltaugliche Landwirtschaft durchgeführt hat, aufschlussreich.[4] Über mehrere Jahre hinweg wurde dabei die Pestizidbelastung der Luft gemessen und an 163 Standorten in ganz Deutschland – einschließlich Schutzgebieten, Städten und biologisch bewirtschafteten Feldern – wurden Spuren von insgesamt 138 Pestiziden entdeckt, die auf dem Luftweg dorthin gelangt sein müssen. Drei Viertel aller Messstationen zeichneten mehr als fünf

Pestizide gleichzeitig auf. Der Höchstwert lag bei 35 Pestiziden an einer einzigen Messstation.

An allen Stationen fand man dabei auch das Pestizid Glyphosat (das laut Herstellerangaben nicht über die Luft transportiert werden kann). Dieser Befund ist umso erschreckender, da die Auswirkungen der Aufnahme von Pestiziden über die Luft und über die Lunge im Zulassungsverfahren für Pestizide keine Berücksichtigung finden. Sie wurden bisher wenig untersucht. Die Risiken für unsere Gesundheit sind weitgehend unbekannt.

Besonders beunruhigend waren die Ergebnisse im Nationalpark Harz, auf dem Brocken, wo zwölf verschiedene Pestizide in erheblichen Mengen nachgewiesen wurden. Im Bayerischen Wald, der ebenfalls in weiten Teilen unter Naturschutz steht, fanden die Forscher fünf Pestizide, darunter zwei, die in Deutschland nicht mehr zugelassen sind (insgesamt waren 30 Prozent aller gefundenen Wirkstoffe in Deutschland nicht oder nicht mehr zugelassen).

Doch wir kommen nicht nur durch unsere Atemluft und unser Trinkwasser in dauernden Kontakt mit »gefährlichen« und »sehr gefährlichen« Pestiziden, sondern auch durch unsere Nahrung.[5] Etwa 27 Prozent der von der Europäischen Union untersuchten Lebensmittel weisen Mehrfachrückstände von Pestiziden auf. Einige Werte aus dem Jahr 2019 verdeutlichen die Dimensionen des Problems: In der EU waren 98 Prozent aller Erdbeeren und 98 Prozent aller Weintrauben mit mehr als einem Pestizid belastet. Ähnlich sah es bei Äpfeln aus (96 Prozent), bei Paprika waren es 87 Prozent, bei Tomaten 84 und bei Eisbergsalat 82 Prozent.

Der Gesamtrückstand aller Pestizide auf einem Lebensmittel liegt oft weit über den Grenzwerten für die einzelnen Wirkstoffe. Daher kritisieren Gesundheitsfachleute zu Recht, dass es in Europa noch keinen kumulierten Höchstgehalt für Pestizidrückstände auf Lebensmitteln gibt.

In anderen Teilen der Welt ist die Situation noch dramatischer. So wurden beispielsweise in Kenia auf Tomaten- und Grünkohlproben aus verschiedenen Regionen insgesamt 75 verschiedene Pestizid-Wirkstoffe nachgewiesen, rund die Hälfte dieser Wirkstoffe sind in Europa aufgrund ihrer Gefährlichkeit bereits verboten. Auf den einzelnen Proben fanden die Forscher bis zu 10 Rückstände gleichzeitig, 60 Prozent der Proben überschritten die zugelassenen Rückstands-Höchstmengen. In Brasilien, einem Land, in dem die Höchstgrenzen für Pestizide das Zwei-, Drei- und in einigen Fällen sogar Hundertfache der europäischen Grenzwerte betragen, haben laut staatlichem Rückstandsbericht 25 Prozent aller Proben diese hohen Grenzwerte überschritten.

Der weltweite Handel mit Lebensmitteln führt dazu, dass diese Giftstoffe wieder nach Europa gelangen. Eine Untersuchung von importierten Lebensmitteln in der Schweiz ergab, dass 33 Prozent der Importe aus den USA mit verbotenen Substanzen belastet waren, bei Lebensmitteln aus Lateinamerika (Ecuador) betrug der Wert sogar 60 Prozent.[6]

Der fortwährende Kontakt mit Pestizidrückständen – sei es durch unsere Nahrung, unser Trinkwasser oder die Luft, die wir atmen – steigert das Risiko für eine Vielzahl ernster Erkrankungen.

Welche Krankheiten das sind und wie sich die Wahrscheinlichkeit ihres Auftretens durch den Kontakt mit Pestiziden verändert, kann man durch eine Recherche in der weltweit größten medizinischen Bibliothek, der National Library of Medicine, herausfinden. Konkret in der PubMed-Datenbank, einer umfangreichen Sammlung von Millionen von wissenschaftlichen Artikeln, die Tausende von unabhängigen Studien zum Zusammenhang zwischen Pestizidexposition und einer Reihe von Gesundheitsproblemen enthält. Ordnet man diese Studien nach den verursachten Gesundheitsproblemen, erhält man die folgende, nicht vollständige Liste:

- Non-Hodgkin-Lymphome
- Leukämie
- Prostatakrebs
- Brustkrebs
- Parkinson-Krankheit
- Kognitive Beeinträchtigungen und verringerte Intelligenz bei Kindern infolge pränataler Exposition
- Schilddrüsenerkrankungen
- Fortpflanzungs- und Entwicklungsstörungen
- Asthma
- Chronisch-obstruktive Lungenerkrankung
- Nierenfunktionsstörungen und Nierenversagen
- Leberfunktionsstörungen und Leberschäden
- Beeinträchtigung des Immunsystems und erhöhte Anfälligkeit für Infektionen
- Herz-Kreislauf-Erkrankungen, wie Bluthochdruck und Herzerkrankungen
- Diabetes

Seit 2003 wissen wir, dass bestimmte Pestizide, darunter Glyphosat, das Risiko für Non-Hodgkin-Lymphome erhöht. (Glyphosat ist ein Herbizid, das in Südtirol von Nicht-Bio-Betrieben eingesetzt wird.) Im selben Jahr wurde auch die Verbindung zwischen Pestiziden und Prostatakrebs durch umfangreiche Forschungen bestätigt. Unter den Pestiziden, die mit einem gesteigerten Prostatakrebsrisiko in Zusammenhang stehen, befindet sich auch Chlorpyrifos (ein weiteres Pestizid, das im Südtirol des Jahres 2017 in großen Mengen ausgebracht wurde).[7]

Besonders sensibel reagieren Ungeborene und Babys auf hochgiftige Pestizide. Eine umfangreiche Meta-Analyse, die alle relevanten Studien zwischen 1990 und 2009 berücksichtigte, ergab: Bei

Kindern, deren Mütter während der Schwangerschaft Pestiziden ausgesetzt waren, war das Risiko für kindliche Leukämie um 54 Prozent erhöht. Bei Kindern, die nach der Geburt Pestiziden ausgesetzt waren, stieg das Risiko, an Leukämie zu erkranken, um 38 Prozent. Es gibt kaum etwas Herzzerreißenderes, als wenn Eltern ihr Kind leiden sehen müssen, allein aufgrund der Tatsache, dass Mutter und Kind zur falschen Zeit am falschen Ort waren.[8]

Bei Ungeborenen und Babys kommt es nach dem Kontakt mit Pestiziden besonders häufig zu kognitiven Störungen. Es ist gut belegt, dass höhere Chlorpyrifos-Werte im Blut der Nabelschnur der Mutter mit signifikant niedrigeren IQ-Werten bei den Kindern korreliert. Phosmet (ebenfalls im Südtiroler Apfelanbau im Einsatz) schädigt die kindliche Entwicklung auf ähnliche Weise.[9]

Organophosphate wie Chlorpyrifos, Malathion und Parathion schädigen das zentrale Nervensystem und führen auch zur Parkinson-Krankheit. In Frankreich wurde Parkinson daher im Jahr 2012 als Berufskrankheit von Landwirten anerkannt. Neben Organophosphaten wurden weitere Insektizide, aber auch die Herbizide Paraquat und Rotenon sowie das Fungizid Maneb mit einem erhöhten Parkinson-Risiko in Verbindung gebracht. Beim Fungizid Maneb, ebenfalls eines der Südtiroler Pestizide, war das Risiko für diejenigen, die innerhalb von 500 Metern von Feldern lebten, auf denen dieses Pestizid verwendet wurden, nahezu doppelt so hoch.

Eine Übersichtsarbeit aus dem Jahr 2016[10] zeigte schließlich, dass auch andere wichtige Pestizidklassen, nämlich Carbamate, Pyrethroide und Neonicotinoide, mit einer Vielzahl von neurologischen Störungen in Verbindung gebracht werden können, darunter neben Parkinson und Entwicklungsstörungen bei Kindern auch Alzheimer. Pestizide aus allen drei Pestizidklassen wurden in Südtirol im Jahr 2017 zum Teil in erheblichen Mengen ausgebracht.[11]

Besonders heimtückisch wirken jene Gifte, die auf unser Hormonsystem einwirken, sogenannte endokrine Disruptoren. Ein beunruhigendes Merkmal dieser Chemikalien ist ihre Fähigkeit, in manchen Fällen bei geringer Dosierung stärkere Effekte zu erzeugen als bei höherer Dosierung. Dies widerspricht der traditionellen, von Paracelsus geprägten, toxikologischen Ansicht: »Allein die Dosis macht das Gift.« Störungen unseres Hormonsystems durch endokrine Disruptoren können bereits in kleinsten Dosen zahlreiche gesundheitliche Probleme verursachen oder verstärken. Dazu gehören Schilddrüsenerkrankungen, Störungen des Immunsystems, Entwicklungsstörungen und Fortpflanzungsprobleme. Bei werdenden Müttern führt die Belastung mit solchen Pestiziden zu einer kürzeren Schwangerschaft, bei den Babys zu geringerer Größe und geringerem Geburtsgewicht und zu einem kleineren Kopfumfang. Bei Männern reduziert sich die Spermienzahl und -beweglichkeit signifikant

Schließlich erhöhen einige Pestizide auch das Risiko von Atemwegserkrankungen, wie Asthma oder chronische Bronchitis. Wie immer sind Kinder zuerst betroffen. Je kleiner, umso mehr. In einer Studie mit Müttern und Kindern stellte sich heraus, dass Kinder, die in frühen Lebensphasen Pestiziden ausgesetzt waren, mit sieben Jahren eine erheblich verringerte Lungenfunktion aufwiesen. In weiteren Studien aus den Jahren 2002 und 2007 konnte nachgewiesen werden, dass sich auch bei Erwachsenen das Risiko von chronischer Bronchitis erhöhte.

Zahlreiche weitere Studien belegen den Zusammenhang zwischen Pestiziden und Nieren- und Leberfunktionsstörungen bzw. Störungen des Herz-Kreislauf-Systems sowie Stoffwechselerkrankungen.[12]

Die Wissenschaftlerinnen und Wissenschaftler, die sich mit diesen Fragen beschäftigen, führen einen lebenslangen, verzweifelten Kampf, um die Leben all jener Menschen zu retten, die an Krankheiten sterben, die durch Pestizide verursacht werden. Immer wieder gelingt es ihnen, die Gefahren einer bestimmten Klasse von Pestiziden nachzuweisen. Doch das bedeutet nicht automatisch, dass diese Pestizide vom Markt genommen werden. Dies geschieht oft erst nach jahrelanger Aufklärungsarbeit. Denn die Forscherinnen und Forscher stehen mächtigen Gegnern gegenüber, die ihre Produkte so lange wie möglich auf dem Markt halten wollen. Und wenn es der unabhängigen Wissenschaft schließlich gelingt, die Behörden zum Handeln zu bewegen, taucht sofort ein neuer Wirkstoff auf, der unter Umständen noch schädlicher sein kann als der, der gerade vom Markt genommen wurde.

Es ist ein endloser Kreislauf: Ein Pestizid wird als gesundheitsschädlich identifiziert, es folgt ein langwieriger Kampf, um es vom Markt zu nehmen, und kaum ist dies erreicht, taucht bereits ein neues auf. Dann beginnt der Prozess von Neuem – Untersuchungen, Auseinandersetzungen, Aufklärungsarbeit.

Und dennoch geben diese Wissenschaftler:innen nicht auf. Trotz der enormen Herausforderungen, die sie täglich bewältigen müssen, führen sie ihre Arbeit fort. Sie forschen, sie publizieren, sie klären auf. Sie kämpfen unermüdlich dafür, dass wir die volle Wahrheit über die Auswirkungen von Pestiziden auf unsere Gesundheit erfahren.

Doch sie haben sehr mächtige Gegenspieler …

Konzerne, Gewinne und Zulassungsverfahren

Nur einige wenige mächtige Konzerne beherrschen den weltweiten Markt für Agrochemie.[13] Im Jahr 2021 erzielten die 20 größten unter ihnen zusammen einen Pestizidumsatz von beeindruckenden 72,6 Milliarden US-Dollar. Dies stellt eine fast 20-prozentige Steigerung gegenüber dem Vorjahresumsatz von 61,1 Milliarden US-Dollar dar. Dieses Wachstum resultiert dabei nicht nur aus gesteigerten Verkaufszahlen, sondern auch aus höheren Preisen für ihre Pestizide. Fast alle Unternehmen in der Top-20-Liste konnten 2021 ein zweistelliges Umsatzwachstum verzeichnen, fast die Hälfte davon sogar ein Wachstum von über 30 Prozent. Die vier größten dieser Agrochemie-Giganten machten zusammen mehr als die Hälfte des Gesamtumsatzes der Top-20 aus.

Der umsatzstärkste Konzern in diesem Bereich war im Jahr 2021 Syngenta Crop Protection mit 13,3 Milliarden US-Dollar Umsatz. Syngenta hat seinen Hauptsitz in Basel in der Schweiz. Auf Platz zwei findet sich ein weiterer Konzern aus dem deutschsprachigen Raum, Bayer Crop Science aus Ludwigshafen, der ebenfalls enorme Zuwächse verbuchte und mit Pestiziden einen Jahresumsatz von 11,4 Milliarden US-Dollar erzielte. Die dritte Position belegt abermals ein deutsches Unternehmen: BASF Agricultural Solutions steigerte seinen Pestizidumsatz 2021 auf 7,7 Milliarden US-Dollar. Der US-Konzern Corteva, der Vierte im Bunde, generierte im selben Jahr 7,3 Milliarden US-Dollar durch den Verkauf von Pestiziden. Auch hier stiegen sowohl das Verkaufsvolumen als auch der Wert der Pestizidverkäufe.

Die Marktmacht dieser Giganten ermöglicht es ihnen, erheblichen politischen Druck auszuüben. Sie bestimmen maßgeblich die Rahmenbedingungen, die ihre Geschäftsmodelle einer stetigen Intensivierung der Landwirtschaft stützen.

Aus der Tabak- und Erdölindustrie kennen wir die Tragweite, die der Lobbyismus großer Konzerne haben kann, insbesondere wenn es darum geht, die negativen Auswirkungen des eigenen Geschäftsmodells zu bagatellisieren. Es ist nicht die Politik, die hier die Konzerne reguliert, sondern die Konzerne, die die Politik zu ihren Gunsten beeinflussen. Sie legen fest, was geschieht und was unter keinen Umständen geschehen darf.

In ihren öffentlichen Selbstdarstellungen, auf ihren Websites und in ihren Hochglanzbroschüren preisen diese Agrochemie-Konzerne ihren Beitrag zur Sicherung der Welternährung. Historisch betrachtet ist das sicher richtig. Allerdings wird in den letzten Jahrzehnten immer offensichtlicher, dass die Strategie der stetigen Intensivierung auf tönernen Füßen steht. Eine auf Agrochemie basierende Landwirtschaft mag zwar kurzfristig zur Welternährung beitragen, langfristig zerstört sie die Lebensgrundlagen der Menschheit.

Heute wissen wir dank kontinuierlicher Forschung, wie wir eine nachhaltige Ernährung der Weltbevölkerung sicherstellen können. Dennoch beharren die Nutznießer des aktuellen Systems darauf, dass es keine tragfähige Alternative zu ihrem Modell gäbe. Die Lobbyisten der intensiven Landwirtschaft wiederholen gebetsmühlenartig die immer gleichen Botschaften: »Ohne uns würde die Welternährung zusammenbrechen. Ohne uns würdet ihr alle verhungern.«

Tatsächlich haben diese Konzerne aber nicht primär die Welternährung im Fokus. Wie jedes Unternehmen in unserem Wirtschaftssystem wollen sie vor allem Gewinne erzielen. Sie streben danach, in ihren Jahresberichten ausschließlich Erfolgsgeschichten erzählen zu können. »Unser Umsatz ist weitergewachsen«, »ebenso unser Marktanteil« und »natürlich auch unser Gewinn«. Sie verfolgen das Ziel, den maximalen Profit für ihre Eigentümer zu erzielen. Bei Aktiengesellschaften sind das die Aktionäre (Shareholder). Diese sollen erfahren, dass der Wert ihres Unternehmens weiterhin steigt (Value). Es geht um den »Shareholder-Value« und um wenig anderes.

Daher ist es für diese Konzerne essenziell, dass ein von ihnen entwickelter Pestizid-Wirkstoff in möglichst vielen Regionen der Welt zum Verkauf zugelassen wird. Wenn ein Wirkstoff bereits genehmigt wurde, besteht das Ziel darin, diese Zulassung nicht zu verlieren, selbst wenn unabhängige Studien die Schädlichkeit eines Produkts für Menschen und Umwelt immer deutlicher nachweisen.

Aus diesem Grund bemühen sich Agrochemie-Konzerne mit allen zur Verfügung stehenden Mitteln, politischen Einfluss zu nehmen. Sie sorgen dafür, dass die Zulassungsverfahren für Pestizide in den meisten Regionen der Welt in ihrem Sinne gestaltet werden und nicht im Interesse der Bevölkerung. Es ist daher wenig überraschend, dass diese Zulassungsverfahren eine Reihe von Mängeln aufweisen, von denen die meisten Menschen allerdings nie etwas erfahren.

Die Mehrheit der Verbraucher:innen geht davon aus, dass das Zulassungsverfahren für hochgefährliche Pestizide folgendermaßen abläuft: Ein Agrochemie-Konzern entwickelt einen neuen Wirkstoff und wendet sich damit an die Zulassungsbehörde, um dessen Prüfung zu beantragen. Die Behörde prüft diesen Wirkstoff danach auf Herz und Nieren und erteilt oder verweigert schließlich die Zulassung, je nach festgestellten Wirkungen und potenziellen Nebenwirkungen.

Die Wirklichkeit sieht jedoch anders aus. Tatsächlich führen nicht die Zulassungsbehörden die Wirkstoffprüfung durch. Eine solche Prüfung wäre viel zu aufwendig, argumentieren sie. Daher antworten sie dem Agrochemie-Konzern, der mit einem neuen Wirkstoff an ihre Türe klopft: »Bitte sorge selbst für die Überprüfung deines neuen Wirkstoffs. Beauftrage ein Labor mit der Prüfung und lege uns anschließend die Ergebnisse dieser von dir selbst in Auftrag gegebenen Studie vor. Beweise uns durch deine Studie, dass dein neues Pflanzenschutzmittel unschädlich ist.«

Die Konzerne beauftragen also Labore mit der Überprüfung ihrer neuen Wirkstoffe. Da die betreffenden Konzerne jedoch oft deren größte (und manchmal sogar deren einzige) Auftraggeber sind, können diese Labore nicht wirklich unabhängig sein. Sie tun alles, um das gewünschte Ergebnis zu liefern, sei es durch ein mangelhaftes Studiendesign oder durch eine fehlerhafte Auswertung der Rohdaten. Auf diese Weise produzieren die Konzerne und ihre Labore jene Studien, die sie zur Zulassung ihres Wirkstoffs benötigen.

Aber es kommt noch schlimmer: Um sicherzustellen, dass niemand überprüfen kann, was in diesen Studien steht und ob sie möglicherweise wissenschaftliche Mängel aufweisen, werden sie unter Verschluss gehalten und sind weder für die Öffentlichkeit noch für die unabhängige Wissenschaft einsehbar. Die Agrochemie-Konzerne rechtfertigen dies mit der Behauptung, es handle sich um Betriebsgeheimnisse.

Agrochemie-Konzerne überprüfen ihre neuen Wirkstoffe also im Wesentlichen selbst und legen danach das Ergebnis dieser streng geheimen Selbstprüfung den Zulassungsbehörden vor.

In der Europäischen Union durchläuft ein neuer Wirkstoff zunächst eine EU-weite Zulassung. Im Anschluss daran entscheiden die einzelnen EU-Mitgliedsstaaten über die nationale Zulassung. Doch auch die erste Stufe dieses Prüfprozesses, die EU-weite Zulassung, wird faktisch an die Zulassungsbehörden in den einzelnen EU-Mitgliedsstaaten delegiert. Die Verlängerung der EU-Zulassung für Glyphosat wurde beispielsweise von deutschen Behörden vorgenommen, genauer gesagt vom Bundesinstitut für Risikobewertung (BfR).

Diese nationalen Kontrollbehörden stehen häufig im Kreuzfeuer der Kritik, da ihnen eine zu enge Zusammenarbeit mit den Konzernen vorgeworfen wird. Ein möglicher Grund dafür könnte der sogenannte »Drehtür-Effekt« sein. Auffällig oft wechseln Personen zwischen Kontrollbehörden und Konzernen hin und her. Jemand kann beispielsweise zunächst für einen Agrochemie-Konzern arbeiten, dann für eine Zulassungsbehörde und schließlich wieder zum selben Agrochemie-Konzern zurückkehren. Das kann sich für alle Beteiligten als äußerst vorteilhaft erweisen.

Beamte dürfen selbstverständlich kein Geld von Konzernen annehmen, das wäre Korruption. Es ist ihnen jedoch nicht verboten, nach ihrem Ausscheiden aus der Behörde eine gut bezahlte Position in einem Agrochemie-Unternehmen anzutreten. Wer heute kooperativ ist, hat vielleicht morgen einen neuen Arbeitsplatz und verdient damit ein kleines Vermögen. Diese Form der Beeinflussung ist weit verbreitet und schwer zu bekämpfen. Man kann einem Beamten zwar verbieten, während seiner Dienstzeit Geld anzunehmen, aber nicht vorschreiben, was er nach Beendigung seines Dienstverhältnisses tun oder lassen soll.

Solche systematischen Interessenkonflikte in den Laboren und Zulassungsbehörden haben verheerende Auswirkungen. Im Buch *Die Akte Glyphosat* hat Helmut Burtscher-Schaden den Fall des umstrittenen Totalherbizids Glyphosat gründlich analysiert. Schon die Erstzulassung von Glyphosat beruhte dabei auf Studien, aus deren Rohdaten falsche Schlüsse gezogen wurden: Glyphosat sei nicht krebserregend. Die Internationale Agentur für Krebsforschung (IARC) der Weltgesundheitsorganisation (WHO) kam jedoch auf derselben Datenbasis zum Ergebnis, dass Glyphosat »wahrscheinlich krebserregend« ist.

Trotzdem reichte die Bayer AG für die Verlängerung der Zulassung von Glyphosat in Europa neuerlich die alten Studien aus der Zeit der Erstzulassung ein, zusammen mit der fehlerhaften Interpretation der Rohdaten.[14] Das BfR übernahm die betreffenden Passagen aus der Einreichung der Bayer AG in ihren eigenen Bericht – Wort für Wort, Satz für Satz, durch einfaches Kopieren und Einfügen. Ohne Einwände wurde die Zulassung von Glyphosat verlängert.

Erst vor kurzem gelang es einigen Umweltorganisationen auf EU-Ebene einen Durchbruch zu erzielen. Sie erreichten dabei etwas, das eigentlich selbstverständlich sein sollte: Die Studien aus den Zulassungsverfahren mussten erstmals auch der Öffentlichkeit und damit der Wissenschaft zugänglich gemacht werden.

Eine unabhängige Prüfung der Studien, die zur Verlängerung der Zulassung von Glyphosat vorgelegt worden waren, kam zu einem vernichtenden Ergebnis: Von 53 Studien genügten genau zwei den wissenschaftlichen Anforderungen, die an solche Studien gestellt werden. 17 Studien waren fehlerhaft, weitere 34 waren inakzeptabel.[15]

Auf der Grundlage solcher Prozesse und Verfahren werden Pestizide in Europa und weltweit zugelassen. Die Industrie prüft sich im Wesentlichen selbst. Sie unternimmt dabei alles, damit Politik und Zulassungsbehörden möglichst eng mit ihr kooperieren. Darüber hinaus sind auch die formalen Anforderungen für eine Pestizid-Zulassung auf Druck der Konzerne weltweit sehr industriefreundlich gestaltet. Auch in Europa.

Je mehr man sich in das Thema vertieft, desto schockierender sind die Details.

Die in einem Handelsprodukt enthaltenen Pestizidwirkstoffe kommen nie in reiner Form zum Einsatz. Sie sind immer mit anderen Substanzen, den sogenannten Hilfsstoffen, vermischt. Diese Hilfsstoffe sorgen beispielsweise dafür, dass der Wirkstoff besser an Blättern haftet.

Die Mischungen aus Wirkstoffen und Hilfsstoffen werden als Formulierungen bezeichnet. Unabhängige Studien haben gezeigt, dass diese Formulierungen teilweise erheblich giftiger sind als der Hauptwirkstoff des betreffenden Produkts in unvermischter Form. Seltsamerweise werden jedoch nicht diese Handelsprodukte, sondern lediglich deren aktive Substanzen, die Hauptwirkstoffe, im Zulassungsverfahren überprüft.

Diese Tatsache ist so überraschend, dass man sie zunächst kaum glauben mag. Aber es ist wahr: Was die Landwirte tatsächlich in die Luft sprühen, was in die Flüsse gelangt und ins Grundwasser, was auf Wiesen landet und auf Spielplätzen und was wir letztendlich mit unseren Lebensmitteln zu uns nehmen, wird absolut unzureichend überprüft.

Das ist wahrscheinlich der größte Mangel des Zulassungsverfahrens, aber bei weitem nicht der einzige. Wenn Pestizide in der Natur zerfallen, entstehen in einigen Fällen Substanzen, die ebenfalls weit giftiger sein können als die Ausgangssubstanz. Im Zulassungsverfahren spielen aber auch diese sogenannten Abbauprodukte oder Metabolite keine Rolle. Sie werden nicht berücksichtigt.

Auch die Wechselwirkungen, die zwischen verschiedenen Wirkstoffen auftreten, die sogenannten Cocktaileffekte, werden nicht untersucht. Dabei landen in der Praxis sehr häufig mehrere Ackergifte gleichzeitig auf den Feldern.

Eine weitere wichtige Frage wird im Rahmen des Zulassungsverfahrens in Europa nicht gestellt: Welche Auswirkungen haben die auf den Feldern eingesetzten Mittel bei Langzeitbelastung auf Mensch und Natur?

Da im Zulassungsverfahren mit zulässigen Höchstwerten gearbeitet wird, bieten sie auch wenig Schutz vor hormonwirksamen Substanzen, die in kleinsten Dosen bereits sehr gefährlich sein können.

Sollten dennoch irgendwo Grenzwerte, trotz industriefreundlichem Zulassungsverfahren, trotz enger Zusammenarbeit mit Zulassungsbehörden und trotz weitgehender Selbstprüfung durch die Industrie, überschritten werden, ist es einfacher, diese Grenzwerte anzuheben, als das Produkt vom Markt zu nehmen.

Dass diese Grenzwerte auf Basis politischer Überlegungen und nicht auf Basis von wissenschaftlichem Konsens gezogen werden, zeigt sich daran, dass sie von Region zu Region sehr unterschiedlich ausfallen können. In einigen Gebieten sind die Obergrenzen für Rückstände doppelt, dreifach oder sogar hundertfach höher als in anderen. Wie kann es aber sein, dass etwas, das in einer Region als zu viel angesehen wird, in einer anderen als völlig akzeptabel gilt?

Es ist evident, dass die Behörden bei der Bestimmung solcher Grenzwerte nicht nur die Interessen der Bevölkerung verfolgen, sondern auch die Interessen der Industrie. Verschiedene Fallbeispiele stützen diese Annahme: Häufig taucht in einer Region ein Problem mit überhöhten Pestizid-Rückständen auf, das im darauffolgenden Jahr auf wundersame Weise gelöst wird. Diese Lösung besteht jedoch so gut wie nie in der Reduzierung der Menge des betreffenden Pestizids, sondern fast immer in der Erhöhung der zulässigen Grenzwerte.

Das aktuelle Zulassungssystem für Pestizide bürdet der Zivilbevölkerung die Beweislast auf, dass Menschen und Natur durch die Wirkstoffe der Agrochemie in Mitleidenschaft gezogen werden.

Unabhängige Studien müssen von Umweltorganisationen oder Universitäten finanziert, durchgeführt und veröffentlicht werden.

Doch wie verbreitet man die Ergebnisse solcher Studien, wenn die die Lobby der industriellen Landwirtschaft zur gleichen Zeit erhebliche Summen investiert, um die Bevölkerung zu täuschen?

Medien, die nicht dem öffentlich-rechtlichen Sektor angehören, sind in Zeiten sinkender Verkaufszahlen vor allem auf Werbeeinnahmen angewiesen. Ein Zeitungsartikel ist dabei oft genau das, was zwischen zwei Anzeigen passt, räumlich und inhaltlich. Ein Magazin, das beispielsweise die Werbung eines Mineralölkonzerns veröffentlicht, wird zwischen diesem Inserat und der darauffolgenden Anzeige für ein Produkt der Automobilindustrie keinen Artikel platzieren können, der diese beiden Industrien kritisiert. Hier entstehen Abhängigkeiten und systematische Interessenkonflikte, die einer Veröffentlichung von schonungsloser, sachlicher Kritik oft im Wege stehen.

Es ist also keineswegs einfach, die Menschen mit der Kritik an der Agrochemie zu erreichen, geschweige denn Druck auszuüben, um die Politik zum Handeln zu bewegen. Dennoch setzen sich zahlreiche Umweltorganisationen in Europa genau dafür ein – mit beachtlicher Ausdauer.

Was sie erreichen, ist eigentlich schockierend: In der Europäischen Union gibt es eine jährlich wachsende Liste von Pestizid-Zulassungen, die nach einigen Jahren wieder zurückgenommen werden mussten, weil die Gefährlichkeit der betreffenden Wirkstoffe nicht länger geleugnet werden konnte. Immer wieder werden Wirkstoffe zugelassen, die sich kurz darauf als hochgiftig und enorm schädlich herausstellen. Der Grund hierfür liegt in dem oben beschriebenen Zulassungsverfahren für Pestizide, das systematisch zu fehlerhaften Ergebnissen führt bzw. zu fehlerhaften Ergebnissen führen soll.

Stellt sich heraus, dass Konzerne schädliche Wirkstoffe auf den Markt gebracht haben, gestehen sie ihre Fehler selten ein. Sie wehren sich vielmehr mit Händen und Füßen und bemühen sich, den betreffenden Wirkstoff so lange wie möglich am Markt zu halten. Wird ein Gift endlich verboten, bringen sie so schnell wie möglich ein neues Gift auf den Markt, das möglicherweise noch schädlicher ist als das ursprüngliche. Alles beginnt von Neuem.

Falls es noch eines letzten Beweises bedarf, dass Agrochemie-Konzerne im Hinblick auf die Gefährlichkeit ihrer Produkte für Menschen und Natur grob fahrlässig handeln, muss man nur ihr Vorgehen bei Pestizid-Exporten betrachten.

Verliert ein Unternehmen wie Bayer, das seinen Sitz in Europa hat, die Zulassung für den Verkauf eines Wirkstoffs in Europa, weil die damit verbundenen Gefahren als zu groß erkannt wurden, darf die Firma diesen gleichen Wirkstoff weiterhin produzieren und anderswo verkaufen – in anderen Regionen der Welt, wo ein Verbot dieses Wirkstoffs noch nicht durchgesetzt werden konnte. Warum sollte das Unternehmen auch auf potenzielle Gewinne verzichten, nur weil sein Produkt unverantwortliche Schäden für die menschliche Gesundheit oder die Umwelt verursacht?

Überraschenderweise verteidigen nicht nur die Agrochemie-Konzerne selbst ihr Geschäftsmodell mit Zähnen und Klauen. Auch die lokalen Anwender gefährlicher Pestizidwirkstoffe stehen erstaunlich geschlossen hinter dem Modell der Intensivierung der Landwirtschaft. Denn ohne die Produkte der Agrochemie bricht ihr eigenes Geschäftsmodell zusammen. Sie brauchen Pestizide, um das System der intensiven Landwirtschaft aufrechtzuerhalten, in das sie jahrzehntelang investiert haben.

Die Verteidigung des Status quo scheint ihnen die einzige Möglichkeit, ihr wirtschaftliches Überleben zu sichern. Deshalb reagieren die Bauern und Bauernverbände mit scharfer Polemik, wenn jemand es wagt, sie zu kritisieren. Sie schauen lieber nicht so genau hin, wenn Studien auftauchen, die ihren hohen Pestizid-Einsatz kritisch beleuchten. Lieber vertrauen sie der Propaganda der Agrochemie-Konzerne und lehnen jede Diskussion über ein Leben ohne Ackergifte ab. Damit spielen sie – vielfach unbewusst, vielfach aber auch gegen besseres Wissen – das Spiel der Agrochemie-Konzerne mit, durch das diese Konzerne auf Kosten unserer Umwelt und unserer Gesundheit finanzielle Profite erzielen.

Wie lokale Anwender das Geschäftsmodell der Agroindustrie schützen, kann man in Südtirol studieren. Als die kleine Gemeinde Mals im oberen Vinschgau beschlossen hatte, alle als »gefährlich« und »sehr gefährlich« deklarierten Pestizide auf seinem Gemeindegebiet zu verbieten, schrillten die Alarmglocken in den Zentralen von Südtirols Apfelkonzernen. Es ging ums Prinzip – und um sehr viel Geld. Mit prall gefüllter Kriegskasse wurden sowohl die Volksabstimmung als auch das regionale Pestizidverbot bekämpft. Man folgte dem Motto »Wehret den Anfängen« und griff, unterstützt vom Bauernbund, von der Landesregierung und einflussreichen Medien das kleine »gallische Dorf« frontal an.

Die Gültigkeit der in Mals durchgeführten Volksabstimmung wurde gerichtlich angefochten. Mit Erfolg. Das Resultat der Abstimmung wurde für ungültig erklärt und die Pestizidverordnung von Mals wurde (bis zur Klärung durch das Höchstgericht in Rom) vorläufig aufgehoben.

Doch nicht nur die Pestizidverordnung wurde angegriffen, sondern auch jene, die dafür gekämpft hatten. Der Bürgermeister von Mals wurde vor den Rechnungshof zitiert. Ihm wurde vorgeworfen, Gemeindegelder durch die Durchführung der Bürgerabstimmung veruntreut zu haben. Sogar der Sprecher der Initiatoren dieser Abstimmung, der Apotheker von Mals, wurde angezeigt und musste vor Gericht. Seine Anwälte standen jedoch vor einem Rätsel: Aus der Anklageschrift ging nicht hervor, welches Vergehen ihr Mandant eigentlich begangen haben soll. Schließlich hatte er lediglich eine Unterschriftensammlung für eine Volksabstimmung initiiert. Auch das Gericht in Bozen war verwirrt. Die Richter sprachen den Apotheker in der ersten und zweiten Instanz frei und verurteilten die Landwirte Südtirols dazu, die Verfahrenskosten zu tragen. Diese legten jedoch postwendend Einspruch ein, um das Verfahren in die Länge zu ziehen. Schließlich wurde auch die Klage gegen den Bürgermeister von Mals vom Rechnungshof abgewiesen.

Bis heute ist jedoch ungewiss, welche Entscheidung das oberste Gericht in Rom in der Frage des Pestizidverbots des kleinen Dorfs treffen wird.

3

Worin mein Verbrechen bestand

Das »gallische Dorf« ins Kino bringen

Der intensive, pestizidbasierte Anbau in Monokulturen ist eine Sackgasse, die trotz ihrer verheerenden Auswirkungen von den Profiteuren des Status quo mit Zähnen und Klauen verteidigt wird. Um zu verstehen, wie ich selbst zum Feindbild der Agrarlobby in Südtirol wurde und warum mich im Herbst 2017 1.372 Obstbauern, zwei Apfelkonzerne, der Bauernverband und die Landesregierung in Südtirol angezeigt hatten, müssen wir einige Jahre zurückgehen.

Im Januar 2013 hatten meine Frau Hanae und ich sozusagen aus heiterem Himmel beschlossen, mit unseren Söhnen Nicolas (6 Jahre) und Max (1 Jahr) von Wien nach Meran in Südtirol zu übersiedeln. Südlich des Alpenhauptkamms lebt es sich einfach besser, hatten wir uns damals gedacht; und damit zunächst Recht behalten.

Als wir in Meran ankamen, hatte ich anfangs nicht vor, auch einen beruflichen Neuanfang zu wagen. Immerhin war ich bereits 47 Jahre alt und hatte eine langjährige Karriere in der Software-Branche hinter mir. Da aber meine damaligen Auftraggeber in Wien nicht auf Distanz mit mir zusammenarbeiten wollten, nahm ich eine technologische Veränderung, die ich seit langem beobachtet hatte, zum Anlass für einen radikalen Schnitt. Ich beschloss als Filmemacher noch einmal ganz von vorne zu beginnen und startete einen Video-Blog über Pioniere der Nachhaltigkeit in Südtirol.

Schon damals war absehbar, dass das Medium Film an Bedeutung gewinnen würde. In einer hochgradig vernetzten Welt, in der gleichzeitig die Produktion von Videos immer kostengünstiger und einfacher wurde, würde bald alles, was durch Filmbilder erzählbar war, auch durch Filmbilder erzählt werden. Ein gewaltiger Bedarf an Bewegtbildern kam auf uns zu.

Bei den Recherchen für meinen Video-Blog stieß ich auf die Geschichte des Referendums in Mals. Ich führte zahlreiche Interviews mit den Bewohnern:innen des kleinen Dorfs im Vinschgau und begeisterte mich für deren Humor und Mut. Mir gefiel, dass die Malser Aktivist:innen globale Probleme der industriellen Landwirtschaft lokal zu lösen versuchten. Und zwar nicht nur durch Verhaltensänderungen, privat oder im Unternehmen, sondern durch die Veränderung der wirtschaftlichen und gesellschaftlichen Spielregeln, also auf politischem Wege. Konkret: durch ein Pestizidverbot auf dem gesamten Gemeindegebiet von Mals. Die Malser Aktivist:innen hatten anscheinend erkannt, dass nur gemeinsames politisches Handeln ihre Welt vor der Zerstörung bewahren würde.

Und auch ich hatte etwas erkannt: dass die Geschichte vom Widerstand in einem kleinen Dorf in Südtirol einen wunderbaren Kinofilm ergeben würde. Ohne lange zu überlegen, stürzte ich mich in dieses Abenteuer. Unterstützt wurde ich dabei von einer Filmproduktion aus Bozen. Im Dezember 2014, nach nur zwei Monaten Vorbereitung, begannen die Dreharbeiten in Mals.

In den Wochen nach Drehbeginn wurde mir rasch klar, wie einseitig im restlichen Südtirol über das Referendum in Mals berichtet wurde. Man ließ die Malser Aktivistinnen und Aktivisten wenig oder gar nicht zu Wort kommen. Da mich diese Einseitigkeit empörte, stellte ich das gesamte bisher gedrehte Filmmaterial, also all meine Interviews mit den Malser Aktivist:innen, vorab ins Netz und teilte dadurch meine Begeisterung für deren Ideen mit meinem Publikum. Das aber machte mich zu einem roten Tuch für die Südtiroler Apfellobby. Vom teilnehmenden Beobachter war ich zum Mit-Aktivisten geworden.

Etwa ein halbes Jahr später saß ich auf der Terrasse unserer Wohnung in Meran und vertiefte mich in den Anblick der alten Baumriesen im benachbarten Park. Da berührte mich meine Frau Hanae an der Schulter und sagte: »Die Polizei steht vor der Tür.«

Dieser Besuch überraschte mich zwar, beunruhigte mich aber nicht sonderlich. Wie sich herausstellte, waren zwei Polizeibeamte gekommen, um mich zu einem Verhör abzuholen. Man brachte mich in eine Polizeistation und hielt mir vor, ich hätte mit der Kamera in Mals eine ungesetzliche Aktion begleitet.

Einige vermummte Gestalten hatten zu mitternächtlicher Stunde mit gelber Farbe die Zahlen von 1 bis 3.270 auf ebenso viele Pflastersteine vor dem Rathaus in Mals gemalt. Exakt so viele Stimmen hatte Südtirols Politik nach dem Referendum in Mals sprichwörtlich und buchstäblich übergangen.

Am nächsten Morgen hatte sich der Platz dadurch in ein Mahnmal verwandelt. Wenige Stunden später jedoch waren die gelben Zahlen wieder Geschichte. Der Platz war auf Anordnung der Gemeinde gereinigt worden. Zu diesem Zeitpunkt allerdings hatte ich mein Video der mitternächtlichen Malaktion bereits ins Netz gestellt, wo es tausendfach angesehen und geteilt wurde.

Bei meinem Verhör auf der Polizeistation erfuhr ich, dass ich als Mittäter der Aktion in Mals angesehen wurde, da ich dazu verpflichtet gewesen sei, den Rechtsbruch der Malser zu verhindern. Ich gab zu Protokoll, dass ich keinen der Akteure der Malaktion erkannt hätte, und meldete Zweifel daran an, dass meine Filmarbeit einen Rechtsbruch darstellte. Wäre dem so, so müssten sich nach jedem Giro d'Italia die italienischen Gefängnisse mit in- und ausländischen TV-Journalisten füllen, die dort Menschen dabei filmten, wie sie Anfeuerungsparolen auf den Asphalt malten.

Nicht alles, was gegen mich in meiner neuen Rolle eines Mit-Aktivisten unternommen wurde, blieb so folgenlos wie die Ermittlungen der Meraner Polizei. Mein größter Auftraggeber in Südtirol, eine Agentur des Landes, teilte mir mit, dass man mir bei weiterem Engagement für die Malser Sache alle bereits erteilten Aufträge entziehen werde. Selbstverständlich stellte ich mein Engagement nicht ein – und die Agentur des Landes machte ihre Drohung wahr. Aufträge der öffentlichen Hand erhielt ich auch in Zukunft keine mehr.

Doch das war noch nicht alles. In der Folge begannen mich auch all jene zu meiden, die es sich mit der öffentlichen Hand nicht verscherzen wollten. Mein Einkommen als Freiberufler sank in wenigen Monaten auf null. Ich war in meiner Wahlheimat zu einem »Unberührbaren« geworden. Von manchen beklatscht, aber von vielen gemieden. Auch mein Filmprojekt in Mals schien damit unfinanzierbar geworden. Die Filmproduktion, mit der ich das Projekt in Mals begonnen hatte, zog sich aus dem gemeinsamen Projekt zurück.

Doch je mehr Widerstand mir entgegenschlug, umso starrsinniger wurde ich. Zusammen mit meiner Frau beschloss ich, von Meran nach Mals zu übersiedeln, um dort den begonnenen Film, koste es was es wolle, auch ohne Geld und Unterstützung doch noch irgendwie fertigzustellen.

Mit Konzernen in den Ring steigen

Ein halbes Jahr nach unserem Umzug an einem kühlen Herbsttag, ging ich mit hängenden Schultern durch die Ortsmitte von Mals. Es war kurz nach Mitternacht und ich war wirklich müde von der Auseinandersetzung mit Südtirols Apfellobby. Ich taumelte wie ein angeschlagener Boxer.

Der Entzug von Aufträgen und die polizeilichen Ermittlungen gegen mich waren nur der Anfang einer Reihe von unangenehmen Erfahrungen gewesen. In den Medien und sozialen Netzwerken wurde ich beständig attackiert. Man drohte meiner Familie und mir auch mit physischer Gewalt. Meine Gegner hatten mir hart zugesetzt im vergangenen Jahr. In Wahrheit war ich in diesem »Boxkampf« – nach einer Serie von Treffern – zu Boden gegangen. Ich war angezählt und der Kampf wäre wohl zu Ende gewesen, hätte nicht das Glockensignal die Pause eingeläutet. So gelang es mir, mich schwer getroffen in meine Ecke des Rings zu retten. Und meine Ecke des Rings, das war eben jenes kleine Dorf in den Alpen, dessen Dorfstraße ich nun hinunterging, zu jenem Häuschen, das ich für unsere Familie gemietet hatte.

Aber war der Vergleich mit einem Boxkampf nicht irreführend? Denn bei einem Boxkampf stehen sich zwei annähernd gleich starke, annähernd gleich schwere Gegner gegenüber. In dem Konflikt, in den ich hineingeraten war, war das nicht der Fall. Meine Gegner waren zwei Obstkonzerne, die zusammen nahezu eine Milliarde Euro Umsatz pro Jahr machten, eng verbunden mit den lokalen Bauernverbänden, die über erhebliche Macht in der lokalen Landesregierung verfügten, die ihrerseits wiederum erheblichen Einfluss auf die größten Printmedien, Radio- und TV-Stationen des Landes ausübte.

Ich selbst verfügte nicht einmal über ein Zehntausendstel dieser Macht. Meine liquiden Mittel betrugen zu diesem Zeitpunkt kaum 500 Euro und in meiner Wahlheimat Südtirol war ich zusehends isoliert.

War der Kampf also aussichtslos? Nicht ganz. Denn ich hatte immerhin eine Idee. Einen Plan, von dem ich dachte, dass er funktionieren könnte. Wenngleich er für jemanden in meiner Lage schwer durchführbar erschien. Immer wieder stellte ich mir daher eine grundsätzlichere Frage: Sollte ich weiterhin und immer wieder mit diesen beiden Konzernen in den Ring steigen? Machte das überhaupt Sinn? Sich Konzernen in den Weg zu stellen? Was würde unserer Familie und mir selbst geschehen, wenn ich diesen Weg fortsetzte?

Leise steckte ich den Schlüssel ins Schloss, öffnete die Haustür und stieg die Treppe nach oben in den ersten Stock. Ich schlüpfte in die Stube und schloss behutsam die Tür hinter mir. Drinnen ließ ich mich müde und erschöpft auf die Eckbank sinken und vergrub mein Gesicht tief in meinen Händen. Nur kurze Zeit später öffnete sich die Tür ein zweites Mal. Ebenso leise wie ich betrat meine Frau Hanae den Raum und setzte sich zu mir. Hanae wusste genau, was mich bedrückte. Es war nicht nur die Übermacht der Gegner. Es war auch die Untätigkeit der Verbündeten.

Vor dem Referendum in Mals im Jahr 2014 hatten noch alle Aktivisten:innen in dem kleinen Dorf an einem Strang gezogen. Alle waren hochmotiviert gewesen und einfallsreich. Alle arbeiteten damals – im Jahr 2014 – gemeinsam auf den großen Tag der Abstimmung hin. Doch danach war das Feuer irgendwann erloschen. Alles, was davon übriggeblieben war, war Asche und da und dort einige Glutnester.

Wir waren von Meran nach Mals übergesiedelt, um hier ganz nah am Geschehen zu sein, um den geplanten Kinofilm zu Ende zu bringen. Falls nötig auch ganz ohne Geld. Doch wo kein Widerstand mehr stattfand, konnte man auch keinen Widerstand mit der Kamera einfangen. Der angekündigte Film würde niemals zu Ende gebracht werden. Die Obstkonzerne würden gewinnen. Das Referendum in Mals würde zu einer Fußnote in den Lokalchroniken werden. Wir würden verlieren. Ich würde verlieren.

»Außer schönen Worten und leeren Versprechungen wirst du von den Obstkonzernen nichts bekommen, gar nichts«, sagte ich halb zu meiner Frau und halb zu mir selbst. »Es sei denn, du zwingst sie zum Einlenken. Es sei denn, du erhöhst den Druck.« Den Druck weiter zu erhöhen, das war nämlich jener ominöse Plan, über den ich seit Tagen nachgedacht hatte.

»Hier in Südtirol allerdings, wo alle sich vor der Macht der Bauern fürchten, wird der nötige Druck wohl kaum entstehen«, sagte ich. »Druck kann nur aus den Nachbarländern kommen. Man müsste den ›Umweg über Deutschland‹ einschlagen.«

Für ein paar Augenblicke schwiegen wir beide. Dann fuhr ich fort: »Erinnerst du dich noch daran, was der Schmetterlingsforscher gesagt hat? Prof. Tarmann! Die Täler in Südtirol seien ›komplett kontaminiert‹. Südtirol werde sich entscheiden müssen, was es wolle: intensive Landwirtschaft oder Tourismus?« Hanae erinnerte sich und nickte.

»Das ist genau das, was alle erfahren müssen, die in Südtirol Urlaub machen: ein komplett kontaminiertes Gebiet! Dann würde der Druck auf die Obstbauern schnell zunehmen. Denn der Tourismus ist zu wichtig für Südtirols Wirtschaft. Die Obstbauern wären gezwungen, auf biologischen Anbau umzustellen. Sie würden das Projekt in Mals nicht länger bekämpfen, sondern im Gegenteil unterstützen.«

Doch wie sollten wir diesen Weg beschreiten, diesen »Umweg« über Deutschland, ohne Film und ohne Perspektive, ihn jemals fertigzustellen?

»Könnten wir nicht statt des Kinofilms eine Web-Serie veröffentlichen?«, fragte Hanae. »Wir zerlegen dein Drehbuch einfach in Teile. Jede Woche stellen wir einen Teil fertig und publizieren ihn unverzüglich im Web.«

Ich dachte nach. Dann antwortete ich: »Dafür fehlen uns noch viel zu viele Bilder, viel zu viele Interviews.«

»Die drehen wir einfach im Laufe der jeweiligen Woche.«

»Und wer macht die Kamera?«, fragte ich. Zusammen mit der Unterstützung der Filmproduktion in Bozen hatten wir auch unseren Kamera- und unseren Tonmann verloren.

»Ich«, sagte Hanae, »und du kontrollierst den Ton selbst.«

Das wäre schon möglich, dachte ich. Hanae ist Fotografin. Sie könnte tatsächlich die Kamera übernehmen.

»Du weißt, wie mühsam es ist, Termine mit unseren Malser Freunden zu bekommen«, sagte ich spöttisch. »Unter Zeitdruck wird das schwer möglich sein. Und auf mich sind sie sowieso alle sauer.« Ich hatte ihnen nämlich mehr als einmal ihre Untätigkeit vorgeworfen und mich damit unbeliebt gemacht.

»Ich hab' keine Lust, denen nachzurennen.«

»Aber ich«, antwortete Hanae trocken.

Wieder sagte ich eine Zeitlang nichts. Ich dachte an unsere Finanzen. War es nicht an der Zeit, allmählich zur Vernunft zu kommen? Sollte ich mich nicht um die Absicherung unserer Familie kümmern und zur Abwechslung lukrative Aufträge suchen? Nico war jetzt zehn Jahre alt, Max fünf. Unsere jüngste Tochter Julia hatte vor wenigen Tagen ihren zweiten Geburtstag gefeiert. Und im Juni 2017 würde Hanae unser viertes Kind auf die Welt bringen.

»Falls es uns tatsächlich gelingen sollte«, sagte ich, »diesen ›Umweg über Deutschland‹ zu beschreiten, dann machen die uns fertig.«

Wenige Tage zuvor hatte ich Jean Ziegler bei einem Auftritt in Meran getroffen. An ihn musste ich nun denken. Er hatte sich bereits als junger Mensch mit den Schweizer Banken angelegt. Obwohl sich später herausstellte, dass er mit seiner Kritik Recht gehabt hatte, hatte er für den Rest seines Lebens einen schweren Schulden-Rucksack aus Schadensersatzforderungen zu schleppen gehabt.

»Ich weiß nicht«, sagte ich kopfschüttelnd. »Mal sehen …«

Da ich wirklich erschöpft war, schlief ich am nächsten Morgen länger als gewöhnlich. Als ich gegen 9 Uhr die Stube betrat und mir den Schlaf aus den Augen rieb, saß dort Hanae und strahlte mich an.

Auf dem Tisch hatte sie unser Kameraequipment ausgebreitet. Objektive, Filter, Gehäuse. Unter dem Tisch blinkten fröhlich die Akkus, die gerade aufgeladen wurden. Der Anblick erinnerte mich an eine Jägerin, die ihre Waffen zerlegte und reinigte, bevor sie sich auf die Jagd begab. Fragend zog ich die Augenbrauen hoch.

»Du musst dich beeilen«, sagte Hanae, »Um 12 Uhr führen wir das erste der noch fehlenden Interviews. Der Tierarzt hat zugestimmt, uns in einem Stall etwas außerhalb von Mals zu treffen …«

Widerstand in Bewegung setzen

Woche für Woche produzierten wir danach unsere kurzen Filme, die einzelnen Teile unserer Serie über »Das Wunder von Mals«. Am Anfang der Woche drehten wir. In der Mitte der Woche schnitten wir. Und am Wochenende publizierten wir den fertigen Kurzfilm im Internet.

Wir genossen es, einen Film auf diese Art zu produzieren. Es machte uns viel mehr Spaß als das herkömmliche Verfahren, bei dem viele Monate lang oder gar jahrelang gedreht und geschnitten wird, ohne jemals Kontakt mit dem Publikum zu haben. Wir dagegen erfuhren in kurzen Intervallen, wie das Publikum auf unsere Geschichte reagierte, und erhielten dadurch die Gelegenheit, unsere Geschichten zu optimieren, sie an die Reaktionen des Publikums anzupassen. Wir erfuhren, was funktionierte und was nicht. Beinahe so wie eine Band bei einem Live-Konzert.

Doch nicht nur der Arbeitsprozess machte uns Freude. Auch die Wirkung, die unsere handgestrickten, in Heimarbeit hergestellten Filme auslösten, erfüllte uns mit Euphorie. Unsere Filme erzeugten nämlich eine Resonanz, die ans Wunderbare grenzte. Und diese Resonanz, dieses Feedback des Publikums, bestärkte unser Vertrauen in den eingeschlagenen Weg. Wir beschritten ihn immer trittsicherer.

Vermutlich entsteht eine solche Resonanz immer dann, wenn Menschen ohne Sicherheitsnetz oder Rückversicherung »All-In« gehen. Wenn sie sich mit ganzer Kraft und ohne Angst für eine Sache einsetzen. Dann und nur dann geht von ihnen eine seltene und unwiderstehliche Energie aus, die sich rasch ausbreitet und die ansteckend wirkt.

Bald erhielten wir über die Grenzen Südtirols hinaus Aufmerksamkeit. Im Oktober 2016 wurde ich nach München eingeladen, um dort Teile unserer Serie in einem Kino zu zeigen. Nach der Vorführung hinderte mich ein großgewachsener Mann am Verlassen des Kinosaals. Es war Harald Nestler, der sich mir in den Weg stellte, der Geschäftsführer des Umweltinstituts München.

»Was können wir für euch tun?«, fragte er mich ohne Umschweife in seiner unnachahmlich direkten Art.

In den kommenden Wochen, Monaten und Jahren sollte das Umweltinstitut München mit seinen zahlreichen Mitarbeitenden und über 200.000 Newsletter-Empfänger:innen zu unserem wichtigsten Partner im ungleichen Kampf gegen die Südtiroler Apfelkonzerne werden. Mit der Hilfe des Umweltinstituts würden wir unser darniederliegendes Crowdfunding für den Kinofilm wiederbeleben und eine Unterschriftenaktion starten, bei der mehr als 20.000 Menschen dem Landeshauptmann von Südtirol E-Mails senden würden. Mit diesen E-Mails würden sie ihn dazu auffordern, das kleine »gallische Dorf« im Vinschgau endlich in Ruhe zu lassen.

Doch der Kinoabend in München sollte noch eine weitere Folge haben. Bei einem oder zwei Gläsern Bier in einem gemütlichen Gasthof unterhielt ich mich lange mit dem Leiter des Buchbereichs im oekom verlag. Wir diskutierten darüber, ob es eine gute Idee wäre, zusätzlich zum Kinofilm ein Buch zu publizieren. Nur wenige Wochen danach setzten wir unsere Unterschriften unter den dazugehörigen Vertrag.

Plötzlich griff ein Rädchen ins andere. Einen weiteren Vertrag schlossen wir mit dem WDR ab, dem Westdeutschen Rundfunk, der uns den Auftrag erteilte, für den französisch-deutschen Kultursender ARTE eine Kurzversion unseres Kinofilms zu produzieren. Diese Kurzversion sollte bis September 2017 fertiggestellt werden und unmittelbar nach Erscheinen meines Buchs, aber lange vor der geplanten Premiere des Kinofilms ausgestrahlt werden.

Dieser TV-Auftrag verschaffte uns endlich ein kleines Budget für die Filmarbeit in Mals. Nicht nur für den TV-Film, sondern indirekt auch für den Kinofilm. Denn wir hatten mit der Produktionsfirma dieser TV-Doku vereinbart, dass wir die Bilder, die wir im Frühjahr und Sommer 2017 in Mals drehen würden, für beide Filmprojekte nutzen könnten: für die TV-Doku und für unseren Kinofilm.

Diese zusätzlichen Drehtage, mit Budget und Kamerateam, nutzten wir nun als Hebel, um dem Widerstand in Mals neues Leben einzuhauchen. Ausführlich diskutierten wir mit den Malser Aktivist:innen, ob und wie wir jene Aktionen, die sie vor der Volksabstimmung 2014 durchgeführten hatten, in anderer Form wiederholen könnten.

2014 war es darum gegangen, statische Bilder für Printmedien zu erzeugen. Diesmal würde es um bewegte Bilder für das Medium Film gehen. Im Jahr 2014 hatten die Malser Aktivist:innen drei Aktionen durchgeführt, die viele begeistert hatten:

- Aus alten Leintüchern hatten sie 80 Transparente angefertigt, die sie eines Nachts an ihren Balkonen und Fensterbänken befestigten. Am nächsten Morgen zeigte sich im ganzen Dorf, wie viele Menschen in Mals gefährliche Pestizide auf dem Gemeindegebiet ablehnten.
- Auf der Kuppe des Tartscher Bichels, eines Hügels im Zentrum des Tals, hatten danach dieselben Familien einander die Hände gereicht, um eine eindrucksvolle Menschenkette zu bilden, um ein spektakuläres Bild des Widerstands in Mals zu erzeugen.
- Am Morgen des Markttages standen plötzlich Strohpuppen in Pestizid-Schutzkleidung an allen Zufahrtsstraßen zum Dorf.

Es erwies sich jedoch als gar nicht so leicht, diese drei Ideen neuerlich und in filmtauglicher Form auf die Bühne zu bringen, da sogar die Malser Aktivist:innen sich nicht aus der Deckung wagen wollten. Sie fürchteten sich vor dem langen Arm der Apfelkonzerne, vor der Macht der Landesregierung. Sie fürchteten, angeklagt zu werden, vielleicht sogar Haus und Hof zu verlieren.

- Diese Angst war im Jahr 2014 der Grund dafür gewesen, dass alle Transparente gleichzeitig und bei Nacht angebracht worden waren. So konnte niemand einzeln herausgegriffen, isoliert und fertiggemacht werden.
- Sie war auch der Grund dafür gewesen, dass sich in der Menschenkette am Hügel so viele Menschen gleichzeitig und gemeinsam vor die Kamera gestellt hatten.
- Und sie war schließlich auch der Grund dafür, dass die Puppen in Pestizid-Schutzkleidung klammheimlich und im frühen Morgengrauen aufgestellt worden waren.

Obwohl sich so viele an diesen Aktionen beteiligt hatten, wollten die einzelnen Aktivist:innen doch lieber unerkannt bleiben oder zumindest in der Masse verschwinden. Aus Furcht vor persönlichen Angriffen.

Trotz allem gelang es uns schließlich, uns auf drei neue Aktionen zu verständigen. Visuelle Nadelstiche, die den Widerstand symbolisieren sollten und die der Agrarlobby klar machen würden, dass der Widerstand in Mals nie einschlafen würde. Wie wiederholten wir nun die Aktionen aus dem Jahr 2014 im Frühjahr 2017?

- Aus den Transparenten von 2014 wurden drei Jahre später Gebetsfähnchen, die überall im Dorf aufgehängt wurden, wo sie fröhlich im Wind flatterten. Auf 20.000 Fähnchen standen nun die Namen von 20.000 Unterstützer:innen der Unterschriftenaktion, um visuell erlebbar zu machen, wie viele Menschen bereits hinter dem Anliegen des kleinen Dorfs im Vinschgau standen.
- Auch die Menschenkette von 2014 versetzten wir in Bewegung. Hand in Hand gingen Unterstützer:innen und Dorfbewohner:innen die Malser Heide hinunter und demonstrierten auf diese Weise, dass ein solcher Spaziergang im Frühjahr 2017 dort noch möglich war. Weil es dort noch keine Apfelanlagen gab, keine Monokulturen, keine langen Baumreihen und keine Betonpfeiler.
- Und auch die Strohpuppen in Pestizid-Schutzkleidung von 2014 wollten wir 2017»in Bewegung setzen«– und zwar auf Fahrrädern. Gut geschützt vor den Giftschwaden der Obstbauern sollten sie durch Südtirols Monokulturen radeln. Natürlich wussten wir, dass Strohpuppen nicht Fahrradfahren können. Deswegen würden wir diesmal selbst in die Pedale treten: Fahrradfahrer in Schutzanzügen vor endlosen Apfelplantagen.

Wir wollten mitreißende Bilder des Widerstands in Mals erzeugen und auf diese Weise die Anliegen der Malser für alle sichtbar machen.

Wirksame Bilder erzeugen

Als sich unser Plan einer Radtour in Schutzanzügen und mit Schutzmasken im April 2017 im oberen Vinschgau herumsprach, löste er wenig Begeisterung aus. Wir erhielten mehrere E-Mails von Tourismusbetrieben aus der Region, deren Inhalte einander ähnelten. »Wir stehen zwar hinter euch, aber mit dieser Aktion geht ihr zu weit.« Auch der Tourismusverein von Mals, der vorab 100 Bücher bei uns bestellt hatte, um uns zu unterstützen, kündigte per E-Mail an, dass diese Bestellung sofort storniert würde, falls wir diese Aktion tatsächlich wie geplant durchführen würden.

Ich jedoch war überzeugt davon, dass gerade diese Bilder eine starke Wirkung erzeugen würden. Was in den Augen der Südtiroler:innen als unerhörte Grenzüberschreitung und Provokation erschien, würde für Österreich, Deutschland und die Schweiz gerade richtig dosiert sein. Unsere Fahrradtour würde dort in erster Linie als humorvolle Zuspitzung wahrgenommen werden. Weniger angetan davon würde man dagegen in Bozen sein. Doch auch das zählte aus meiner Sicht zu den erwünschten Effekten.

In solchen Momenten, wenn beinahe alle den Schwanz einzogen, gab es glücklicherweise immer noch eine kleine Gruppe von Frauen in Mals, die von der Notwendigkeit überzeugt war, starke Bilder zu erzeugen.

Eine Woche vor der geplanten Aktion saß ich zusammen mit vier dieser Frauen auf der Terrasse des Dorfgasthofs, um die Details der Aktion zu besprechen. Diesmal waren jedoch auch meine eifrigsten Mitstreiterinnen nicht ganz überzeugt. Unser Filmteam würde bereitstehen, doch ob es überhaupt etwas zu sehen geben würde, blieb vorerst unklar.

Womöglich wäre die Fahrrad-Aktion tatsächlich abgeblasen worden, wäre nicht in diesem Augenblick der Förster von Mals die Straße entlangspaziert. Er gesellte sich zu uns und ich erzählte ihm von unseren Plänen, da er ein Sympathisant und eifriger Unterstützer des Widerstands gegen Pestizide in Mals war.

So provokant sei die Fahrrad-Aktion doch gar nicht, meinte er schließlich. Sie hätten doch selbst vor Jahren bereits etwas ganz Ähnliches geplant. »Erinnert ihr euch nicht mehr daran?«, fragte er. »Wir wollten damals auf den Fahrradwegen Schutzmasken an die Touristen verteilen!«

Diese glückliche Fügung gab dem Gespräch eine Wendung. Am Ende entschlossen wir uns dazu, die Aktion nicht abzublasen, sondern im Gegenteil die beiden Ideen zu verbinden. Die Ausgabe der Schutzmasken an Touristen:innen und die Fahrradtour in Schutzkleidung. Die nächsten Wochen verbrachten wir mit intensiven Vorbereitungen. Wir besorgten Schutzkleidung und Schutzmasken und ließen Plakate drucken, die wir entlang des Fahrradwegs aufstellen wollten.

Am 14. August 2017, dem Tag der geplanten Fahrrad-Aktion, erlebte ich jedoch eine Enttäuschung. Nur wenige waren unserem Aufruf gefolgt: Nicht einmal ein Dutzend Menschen mit Fahrrädern hatten sich am Dorfplatz von Mals versammelt.

Zwei von ihnen hatten allerdings große Mühen auf sich genommen, um an diesem Tag dabei sein zu können. Sie waren knapp 250 Kilometer aus München angereist. Einer davon war Karl Bär, der zu dieser Zeit als Referent für Agrar- und Handelspolitik beim Umweltinstitut München arbeitete und sich als Lokalpolitiker in seiner Heimatgemeinde Holzkirchen engagierte. Karl Bär hatte sich in den letzten Monaten zu unserem zuverlässigsten Mitstreiter in München entwickelt. Wenn er sich für eine Sache einsetzte, dann zu einhundert Prozent.

Weiter unten im Tal, am Beginn des Radwegs, war ein weiterer Treffpunkt vereinbart, bei dem unser Fahrradkorso auf das Doppelte anwuchs. Gemeinsam radelten wir nun das Etschtal hinunter und kamen dabei an jenen Schildern vorbei, die wir selbst frühmorgens dort aufgestellt hatten.

Auf dem ersten Schild las man einen Warnhinweis: »Sie verlassen jetzt die pestizidfreie Zone«.

Kurz danach kam man an einem zweiten Schild vorbei. Es zeigte ein Totenkopf-Symbol: »Vorsicht Gift!«

Weitere 20 Meter danach stand ein Schild mit der Aufschrift: »In 10 Metern: Schutzmasken«.

Genau dort, wo die Zone der intensiven Landwirtschaft begann, hatten wir einen kleinen Klapptisch aufgestellt, bei dem einige Frauen aus Mals Schutzmasken an Fahrradfahrer:innen verteilten.

Hier wuchs unsere Gruppe abermals an. Ich erinnere mich noch gut daran, wie dankbar ich dafür war, dass sich schließlich doch noch ein ausreichend große Anzahl von Aktivist:innen gefunden hatte.

Die Teilnehmer:innen unserer Aktion schlüpften nun in Pestizid-Schutzkleidung und setzten ihre Schutzmasken auf. Dann radelten wir in die endlosen Apfelanlagen hinein. Unsere Schutzanzüge blähten sich im Fahrtwind auf und ich fühlte mich wunderbar fröhlich. Heute würden genau jene Bilder entstehen, die ich erhofft hatte. In meinem Kopf hörte ich bereits die Filmmusik dazu. Wie Michelin-Männchen sahen wir aus in unseren aufgeblähten weißen Anzügen. Michelin-Männchen, die mit trotzigem Humor einer mächtigen Maschine den Kampf ansagten.

Weiter unten im Tal wartete unser Filmteam und filmte mit langer Brennweite, wie unser Fahrradkorso am Horizont auftauchte. Eine Drohne sah uns dabei von oben zu. Höher und höher stieg sie empor und zeigte unsere kleine, in weiß gehüllte Gruppe von trotzigen Fahrradfahrern, umgeben von endlosen Monokulturen, die sich ausdehnten, soweit das Auge reichte.

Am Morgen des Folgetages stellten wir bereits ein Video dieser Aktion ins Web. Die Reaktionen blieben nicht aus. Sie kamen prompt und waren heftig. Von der Landesregierung abwärts war das ganze offizielle Südtirol in heller Aufregung über das »unerhörte« Bildmaterial. Man empfand es als Majestätsbeleidigung. Wir seien nun eindeutig zu weit gegangen. Man werde rechtliche Schritte prüfen. So könne es nicht weitergehen.

Wenige Tage danach setzte das Umweltinstitut München nach und sorgte dafür, dass die Wogen der Empörung in Südtirol noch höherschlugen. Karl Bär und seine Mitstreiter führten in München eine Adbusting-Aktion durch. Bei dieser politischen Protestform wird eine Werbeanzeige abgewandelt, um deren Verlogenheit zu entlarven. Ein Sujet der aktuellen Südtirolwerbung lud dazu ein. Auf diesem Plakat der Südtirolwerbung las man: »Südtirol sucht Visionäre. Südtirol sucht dich.« Dieser Schriftzug prangte auf einem Kitschbild, das einen Meditierenden vor einer Bergkette zeigte.

Die Mitarbeiter:innen des Umweltinstituts tauschten den Slogan auf dem Plakat einfach aus. Nun las man dort: »Südtirol sucht saubere Luft. Südtirol sucht sich.« Das Kitschbild wurde durch ein Bild ersetzt, auf dem man den extremen Pestizideinsatz in Südtirols Apfelanlagen auf dramatische Weise erkennen konnte. Auch das Logo der Südtirolwerbung wurde ein wenig abgewandelt. Aus »Südtirol« war »Pestizidtirol« geworden.

Dieses abgewandelte Plakat ließ das Umweltinstitut an einer einzigen Stelle in München anbringen: in der U-Bahn-Station Karlsplatz. Das aber reichte aus. Denn das Umweltinstitut machte Fotos von dieser Irritation im öffentlichen Raum und setzte sie in Umlauf. Zusammen mit einer Website unter der URL pestizidtirol.info, die Hintergrundinformationen bereithielt.

In Südtirol meldeten sich jetzt die Obmänner der Obstgenossenschaften, die Vorstände des Bauernbundes und jede Menge Landespolitiker zu Wort. Südtirols Bauern hätten nun die Nase voll. Alexander Schiebel und das Umweltinstitut München hätten eine Grenze überschritten. Seit Monaten würden die heimischen Bauern gezielt in ein falsches Licht gerückt. Es gehe nicht an, dass hier ein ganzer Berufszweig, ja ein ganzes Land verleumdet werde. Ein Stopp-Schild müsse nun aufgestellt werden. »Ich sehe darin eine Rufschädigung nicht nur für die Landwirtschaft, sondern allgemein für Südtirol«, sagte der Obmann des Bauernbundes. Auf die Dauer könne sich dieser Imageschaden wirtschaftlich auswirken – »und zwar auf das ganze Land, nicht nur auf die Landwirtschaft«. Das könne man so nicht akzeptieren.

Für mich waren diese Anzeichen von Panik gleichzeitig Anzeichen dafür, dass die Strategie des »Umwegs über Deutschland« zu funktionieren begann, und ich freute mich darüber. Denn ich war überzeugt – und ich bin es noch heute, dass wir die Intensität unseres Protestes, die Intensität unseres Kampfes für die Gesundheit unserer Kinder und für das Überleben der Natur erhöhen müssen, wenn wir bemerken, dass harmlose Protestformen zu wenig bewirken.

Der Angriff der Agrarlobby

Als mein Buch *Das Wunder von Mals* kurz darauf im Münchner oekom verlag erschien, wurde es vor allem in Süddeutschland sehr positiv aufgenommen. Das starke Echo, das es auslöste, kam für mich allerdings nicht ganz unerwartet. Wie viel Begeisterung die

Geschichte von dem kleinen Dorf in den Alpen auslösen konnte, hatte ich schon bei der Veröffentlichung unserer Videoserie erfahren. Diese Begeisterung zog nun immer weitere Kreise. Ich wurde zu mehreren Radiosendungen in verschiedenen deutschen Rundfunksendern eingeladen. Auch in einigen TV-Sendungen durfte ich über den Konflikt in Mals berichten.

Vielleicht löste das Buch auch deshalb so starke Reaktionen aus, weil hier ein Autor mit den gleichen Problemen kämpfte wie seine Leser:innen. Mit der Erkenntnis des Abgrunds, vor dem wir standen. Mit der eigenen Ohnmacht und mit der Frage, ob es möglich ist zu kämpfen und darüber nicht zu verzweifeln.

Zusätzlichen Rückenwind erwartete ich mir von der Ausstrahlung unseres TV-Films bei ARTE, der als nächstes auf dem Programm stand. Doch am Tag der Ausstrahlung nahmen die Dinge eine unerwartete Wendung. Aus einem Hotelzimmer in München schrieb ich eine Kurznachricht an meine Frau: »Der Landeshauptmann von Südtirol hat jetzt tatsächlich einen Brief an Peter Boudgoust, den Präsidenten von ARTE geschrieben, mit dem er versucht, unsere Dokumentation aus dem Programm zu kippen.«

»Wirklich?! Das gibt's doch nicht.«

»Doch. Er denkt vielleicht: Europas Medien stehen still, wenn sein starker Arm es will. Er begreift anscheinend nicht, dass eher das Gegenteil der Fall sein wird.«

»Woher weißt du von dem Brief?«

»Die Kopfredaktion von ARTE hat mich um eine Stellungnahme dazu gebeten.«

Am Abend desselben Tages wurde unsere Doku wie geplant ausgestrahlt. Der Interventionsversuch aus Südtirol war ins Leere gelaufen. Und damit wäre diese Geschichte vermutlich zu Ende gewesen, wenn nicht am Folgetag ein Faksimile des Briefs von Landeshauptmann Kompatscher in Südtirols Medien aufgetaucht wäre.

Die zweiseitige Depesche des Landeshauptmanns war auf dessen offiziellem Papier verfasst und handschriftlich unterschrieben worden. Darin bemühte er sich redlich, mich und meine Arbeit in ein schlechtes Licht zu rücken, um die Ausstrahlung des Films zu verhindern.

Der Landeshauptmann kommentierte dieses Faksimile anderntags – wenig glaubhaft – mit den Worten: »Ich wollte nie die Ausstrahlung des Films verhindern und schon gar nicht durch diesen Brief.« Es sei jedoch seine Pflicht als verantwortungsvoller Politiker gewesen, »den ARTE-Präsidenten auf gewisse Schwächen in dem Filmwerk hinzuweisen«. Ich schüttelte ungläubig den Kopf, als ich diese Zeilen las.

Kurze Zeit später piepste mein Mobiltelefon. Es war eine Sprachnachricht von unserer Produktionsfirma in Köln: »Alexander, ARTE und der WDR sind echt stinksauer darüber, dass du interne Schreiben an die Öffentlichkeit bringst. Ich glaube, als Autor und Regisseur kannst du diese beiden Sender in Zukunft vergessen.«

Meine Antwort fiel trotzig und lapidar aus: »Man darf einen solchen Interventionsversuch nicht unter den Teppich kehren, nur weil man um zukünftige Aufträge fürchtet.«

Einige Tage später jedoch erreichte mich eine weitere Nachricht meiner Produktionsfirma, diesmal in Briefform: »Ich möchte Dich zum Abschluss der Produktion noch einmal ausdrücklich darauf hinweisen, dass das gesamte Rohmaterial vom Dreh, das wir dir im Laufe der Produktion als Autor und Regisseur überlassen haben, ausschließlich für die beauftragte Produktion von ARTE und WDR verwendet werden darf. Eine weitere Verwendung des Materials ist laut Produktionsvertrag nicht zulässig und würde vom auftraggebenden Sender (WDR) mit rechtlichen Schritten verfolgt werden.«

Diese Nachricht traf mich härter als irgendein Schlag zuvor. Denn bezüglich der Nutzung dieses Filmmaterials hatten wir eine ganz andere Vereinbarung getroffen. Es sollte sowohl für die TV-Produktion als auch für meinen Kinofilm Verwendung finden. Wir hatten genau deshalb auf ein zweites Kamerateam verzichtet. Was uns den zusätzlichen Vorteil bot, dass wir uns nicht gegenseitig durchs Bild liefen.

Die Bilder der Aktionen in Mals waren für meinen Kinofilm unverzichtbar. Wenn ich dieses Filmmaterial nicht verwenden kann, dachte ich, dann ist mein Kinofilm über »Das Wunder von Mals« nach all der Mühe doch noch gestorben. Dann wäre der Landeshauptmann zwar mit seiner Intervention bei ARTE gescheitert, hätte jedoch gleichzeitig, ohne es zu wissen, zwei wichtige Erfolge gefeiert. Er hätte meine Beziehung zum öffentlich-rechtlichen Rundfunk in Deutschland beschädigt und gleichzeitig die Fertigstellung meines Kinofilms verhindert.

Ich war mit meinem Latein am Ende und hatte nicht den blassesten Schimmer, wie ich das Problem der fehlenden Filmrechte lösen könnte, als mich, einer unbarmherzigen Dramaturgie folgende, der nächste Schlag traf. Das geschah an jenem Morgen des 29. September 2017, von dem ich zu Beginn erzählt habe. Arnold Schuler, der Landesrat für Landwirtschaft in Südtirol, hatte Strafanzeige gegen mich erstattet. Ihm folgten der Vorstand des Südtiroler Bauernbundes, zwei Obstkonzerne und 1.372 Obstbauern.

Während das Fernsehen in Südtirol zumindest den Anschein von Fairness wahrte und mich um meine Einschätzung zu diesen Strafanzeigen bat, bemühte sich Südtirols führendes Printmedium, die Tageszeitung Dolomiten, erst gar nicht darum.

Bereits am 17. August 2017 – also mehr als ein Monat vor der Anzeigenflut – hatte dort ein Interview mit Landesrat Schuler mit der Überschrift »Dieses Niveau ist unerträglich« als Aufmacher gedient. Der Landesrat behauptete darin, dass das Umweltinstitut München »aus niedersten Interessen« Konflikte schürte: Es ginge nur darum zu provozieren, »um Kapital daraus zu schlagen«, so der Landesrat. Das Umweltinstitut würde »bewusst Unwahrheiten verbreiten«. Mals sei zu einem »Wallfahrtsort für bestimmte Geister« geworden, die nichts anderes wollten, als diese Geschichte auszunutzen, sei es, um ein Buch zu verkaufen, oder ein Institut, das in Wahrheit ein privater Verein sei, im Gespräch zu halten.[16] Dabei würde keine Rücksicht auf rechtschaffene Leute genommen.

Am Tag der ersten Strafanzeigen gegen uns bezeichnete die Tageszeitung Dolomiten diese Entwicklung dann als »Paukenschlag«. Der Landesrat kommentierte seine »Strafexpedition« mit den Worten: Irgendwo hörte der Spaß auf. Dies würde insbesondere für den Autor Schiebel, für dessen Buch und dessen Interviews gelten, so der Landesrat. Darin sei von vorsätzlicher Tötung die Rede und dass Kinder sozusagen am Spielplatz vergiftet würden.

Anderntags lautete die Headline dann: »Für Südtirols Bauern ist das Maß voll.« Alexander Schiebel und das Umweltinstitut München hätten eine Grenze überschritten. Die großen Obstkonzerne Südtirols könnten das nicht länger akzeptieren. Diese Hetzkampagne gegen Südtirol müsse aufhören.

In der Strafanzeige, die gegen mich eingebracht worden war, warf man mir vor, die Südtiroler Bauernschaft zu diffamieren. Das lateinische Verb *diffamare*, von dem das deutsche Wort diffamieren abstammt, bedeutet »Gerüchte verbreiten, um andere in ihrem Ansehen zu schädigen, sie herabzusetzen und in Verruf zu bringen«. Ich glaube, die Wortmeldungen der Südtiroler Apfellobby in diesen Tagen und Wochen erfüllte diesen Straftatbestand recht genau. Und die Tageszeitung Dolomiten bot ihnen die Plattform dazu.

Wer nun jedoch annimmt, dass auch mir Gelegenheit geboten wurde, meine Sicht der Dinge zu erklären und auf Unterstellungen zu reagieren, der irrt. In allen Berichten über die Anzeigenflut der Obstbauern gab es mich selbst ausschließlich als Objekt. Kein einziges Mal als Subjekt. Ausführlich wurde die Sicht der Südtiroler Obstwirtschaft dargelegt. Ihr wurde ein Forum für Wortmeldungen in beliebiger Anzahl und von beliebiger Aggressivität geboten. Mein Telefon jedoch blieb still. Ich stand zwar im Mittelpunkt dieser Berichterstattung, doch kein Sterbenswörtchen von mir selbst schaffte es in diesen Tagen und Wochen in die Tageszeitung Dolomiten.

Es war tatsächlich absurd: Ich wurde in meiner Wahlheimat öffentlich an den Pranger gestellt, von nahezu allen mächtigen Gruppen des Landes als geldgieriger, berechnender Lügner dargestellt, ohne Gelegenheit zur Reaktion oder Richtigstellung, während sich die Betreiber dieser Kampagne darüber aufregten, wie übel ihnen selbst mitgespielt wurde.

Doch es war gar nicht diese Diffamierung durch die angeblich Diffamierten, die mich am meisten störte, sondern die Wirkung, die diese Kampagne in Südtirols Zivilbevölkerung entfaltete.

Keiner meiner Mitstreiter oder Freunde meldete sich zu Wort. Es gab keinen Leserbrief und auch keine Presseaussendung. Niemand stellte sich hinter mich, um mich zu verteidigen. Es gab nur eine einzige Wortmeldung der Südtiroler Grünen. Darin ging es allerdings nicht primär um den Missbrauch der Justiz, um Kritiker zum Schweigen zu bringen, sondern hauptsächlich darum, dass dieser Missbrauch irgendwie unklug sei, weil er sich als Bumerang erweisen und Südtirol selbst Schaden zufügen könnte. Vom Unrecht, das ich erleiden musste, war dagegen nicht die Rede.

Dieses donnernde Schweigen von Politik und Bevölkerung verschaffte mir einen Vorgeschmack auf das, was noch kommen sollte.

Der Umweg über Deutschland

Zwei Monate später, im Februar 2018, setzten meine Frau und ich einen Beschluss um, den wir bereits einige Monate zuvor gefasst hatten. Wir verließen unsere Wahlheimat Südtirol und schlugen unsere Zelte in Leipzig auf, möglichst nah am geografischen Zentrum Deutschlands. Von dort aus wollte ich für die Verbreitung meines Kinofilms und für den Erfolg der Strategie des »Umweges über Deutschland« sorgen.

An meinem letzten Tag in Südtirol begleitete ich Karl Bär, der von München nach Südtirol gekommen war, auf einer »streng geheimen Mission«. In einem abgelegenen Seitental war er einen sehr steilen Berghang hinaufgeklettert. Jetzt befestigte er dort oben an einem Baum einen Gegenstand, der aussah wie das Modell einer fliegenden Untertasse. Ich hatte mich nicht an dieser halsbrecherischen Kletterpartie beteiligt und war Karl lediglich aus sicherer Distanz mit dem Objektiv meiner Kamera gefolgt.

»Komm doch hier herauf«, rief Karl lachend. »Hier oben kannst du wunderbare Nahaufnahmen machen.«

Das sei leider nicht möglich mit all meinem Equipment, rief ich wenig glaubwürdig zu ihm empor.

Was Karl an diesem Baum montierte, war ein sogenannter Passivsammler. Karl war so begeistert von dieser Technologie, dass er mir einst bei einer Zugfahrt nach München ausführlich erklärt hatte, wie sie funktioniert. Der Detailreichtum seiner Ausführungen überforderte mich, sodass diese Passivsammler für mich bis heute eine wundersame Blackbox darstellen. Aber die entscheidenden Fakten habe ich behalten: Mit einem solchen Passivsammler kann man auch feinste Pestizidrückstände in der Luft messen. Man bringt ihn an, tauscht in regelmäßigen Intervallen den Filter aus und schickt den gebrauchten Filter mit den Pestizidrückständen zur Analyse an ein Speziallabor.

An diesem Tag montierte Karl noch eine Handvoll weiterer Passivsammler im Vinschgau, jeweils in unterschiedlicher Distanz zu den intensiven Apfelmonokulturen. Den letzten brachte er im Zentrum des intensiven Apfelanbaus an, wo die Apfelbäume so dicht und so flächendeckend nebeneinanderstanden, dass man sich wunderte, warum sie nicht auch noch auf Verkehrsinseln gepflanzt worden waren.

Karl Bär wollte sich von der wutschäumenden Rhetorik der Südtiroler Apfelfunktionäre nicht abschrecken lassen. Mit seinen Passivsammlern würde er weitere Fakten schaffen. Er würde mit den Mitteln der Wissenschaft antworten. Ich hatte vor, es ihm gleichzutun. Allerdings mit mit meinen Mitteln, mit Worten und Bilden.

Nur wie sollte ich es angehen? Darüber dachte ich intensiv nach, als ich am Folgetag mit dem Zug Richtung Leipzig aufbrach, um meiner Familie hinterher zu reisen. War meine Strategie des »Umwegs über Deutschland« nicht seltsam optimistisch? Immer noch gab es keinen Kinofilm und angesichts der rechtlichen Probleme, die in der Folge der Intervention des Landeshauptmanns von Südtirol entstanden waren, würde es womöglich nie einen geben.

Ich verscheuchte diese Gedanken und erinnerte mich stattdessen an den berührenden Abschied, den man mir in Mals bereitet hatte. Eines Abends war ich von zu Hause abgeholt worden. Man hatte mir die Augen verbunden und mich in einen Wagen gesetzt. Nach einer kurzen Fahrt war ich in einen Raum geführt worden, in dem man mir endlich die Augenbinde abgenommen hatte. Ungläubig staunend hatte ich mich danach mehrfach um die eigene Achse gedreht. Ich war im Hotel Panorama gelandet, wo sich nicht nur unsere Freundinnen und Mitstreiter aus Mals versammelt hatten, sondern darüber hinaus viele Freunde und Mitstreiterinnen aus allen Teilen von Südtirol. Damit Hanae und ich diesen berührenden Abschied in vollen Zügen genießen konnten, hatte man für unsere Familie sogar Hotelzimmer reserviert. Es gab Ansprachen und Tränen und Trinksprüche und es fehlte nicht viel und ich wäre zum Ehrenbürger der Gemeinde Mals ernannt worden.

Daran dachte ich nun voller Wehmut zurück, während die Landschaft vor meinem Zugfenster immer flacher wurde. Ich richtete den Blick wieder nach vorne, denn ich war zu einer Mission aufgebrochen: Ich wollte in Deutschland möglichst viel öffentliche Aufmerksamkeit für das Malser Anliegen erzeugen. Ich wollte einen medialen Schutzschirm aufspannen über dem Tal, über dem Dorf und über seinen Bewohnern. Ich wollte meine Freund:innen vor dem Vormarsch der Apfelanlagen schützen.

Bereits knapp einen Monat zuvor, im Januar 2018, hätte ich unseren Kinofilm ein erstes Mal zeigen sollen. Ich war zum Firmensitz des Naturkostvertriebs Rapunzel nach Legau im Allgäu eingeladen worden. Dort gab es auf dem Betriebsgelände ein kleines Kino. In diesem Kinosaal zeigte Rapunzel Kinofilme und lud dazu den jeweiligen Regisseur zum Filmgespräch ein.

Am Tag der geplanten Vorführung hatte ich mich dort vor mein Publikum gestellt und mit schwerem Herzen gesprochen: »Ich habe eine schlechte Nachricht. Mein Kinofilm ist noch nicht fertig. Es gibt Probleme mit den Bildrechten.« Ich selbst wusste, dass diese Probleme mit hoher Wahrscheinlichkeit unlösbar sein würden, doch das hatte ich nicht erwähnt. Stattdessen hatte ich von Mals erzählt, von den aktuellen Ereignissen dort und hatte schließlich die TV-Version der Malser Geschichte gezeigt.

Während mein Zug Leipzig förmlich entgegenflog, bedauerte ich, dass ich auch einer zweiten Vorab-Vorführung bereits zugestimmt hatte. Wieder im Allgäu, diesmal in Immenstadt. Eine

Kreisgruppe des BUND Naturschutz wollte dort im März 2018 ihre Jahresversammlung abhalten.

Bis dahin würde ich jedoch immer noch keine Kinoversion haben. Denn ein professioneller Filmschnitt würde viele Monate dauern und noch einmal eine Menge Geld kosten, nicht nur für den Schnitt selbst, auch für Bild- und Musikrechte, für Sprecher, Tonmischung und Farbkorrektur.

Da kam mir eine Idee: Wie wäre es, wenn ich diesmal nicht den ARTE-Film zeigen würde, sondern einige der Kurzfilme, die ich bereits im Web publiziert hatte?

Mit einigen dieser Episoden im Gepäck reiste ich also nach Süddeutschland. Dort stellte ich mich abermals vor mein Publikum und sprach einmal mehr: »Einen fertigen Kinofilm gibt's leider nicht. Aber ich zeige euch jetzt erste Ausschnitte daraus.« Das Licht erlosch und die Zuseher sahen jene mitgebrachten Kurzfilme, die ich vor einem Jahr in Mals praktisch ohne Mittel gedreht und jeweils über Nacht geschnitten hatte.

Ich saß in der letzten Reihe des Kinos und war gespannt: Was würde wohl als Nächstes geschehen? Ich horchte auf jede noch so kleine Regung im dunklen Kinosaal. Hatte da jemand gelacht? Hatte sich jemand geräuspert? Rutschte da drüben jemand auf seinem Stuhl hin und her? War diese Stelle des Films vielleicht zu lang? Wenn ich nicht gerade in größter Anspannung auf die Reaktionen des Publikums achtete, starrte ich wie die anderen auf die Kinoleinwand. Und was ich dort sah, war aufregend. Ich sah dort Bilder, die ich noch nie zuvor gesehen hatte. Denn bisher hatte ich sie ja immer nur auf kleinen Bildschirmen gesehen. Jetzt aber waren sie überlebensgroß. Bigger than life, sozusagen.

Als schließlich die Lichter wieder angingen, bemerkte ich, dass die Menschen im Publikum sich tatsächlich verwandelt hatten. Beinahe alle hatten jetzt ein Lächeln in ihrem Gesicht. Ich fragte mich, woran mich dieser neue Gesichtsausdruck erinnerte, und fand nach kurzem Nachdenken den richtigen Ausdruck dafür: Mein Publikum hatte sich verliebt.

Ganz so wie ich selbst mich vor zwei Jahren in diese Geschichte verliebt hatte, in den Widerstand im Gebirgsdorf. Die große Leinwand, die Dunkelheit und die Unmöglichkeit, vorzeitig zu gehen, hatten diese Menschen in meine Welt hineingezogen. Durch einen magischen Akt war es gelungen, die Gefühle, die ich beim Drehen und Schneiden für meine Protagonisten:innen gefühlt hatte, in die Herzen dieser Menschen zu senden.

Mir war plötzlich auch klar, dass diese Magie nur dort so gut funktionieren würde, wo Menschen nebeneinandersaßen, gemeinsam auf das Geschehen auf der Leinwand ausgerichtet. Dabei geschah nämlich etwas Geheimnisvolles. Etwas, das sich nicht messen ließ. Ein Transfer von Emotionen, der sich wortlos und unsichtbar zwischen den Menschen vollzog.

Filme machen fürs Kino, Filme in meinem eigenen Rhythmus über meine eigene Wahrheit, das war eine wunderbare Sache. Stories in the Key of Love: Geschichten in der Tonart der Liebe.

An diesem Abend beschloss ich auf dem Weg zurück ins Hotelzimmer, meinen Film über das Wunder von Mals um jeden Preis fertigzustellen. Koste es mich, was es wolle.

Die Kinotour

In den darauffolgenden zwei Wochen verarbeitete ich alles Material, das ich aus Mals mitgebracht hatte, zu Kurzfilmen. Diese Kurzfilme ordnete ich danach chronologisch. Zwischen den einzelnen Episoden ließ ich jedes Mal rund 30 Sekunden schwarzes Bild stehen. In diesen Pausen zwischen den Sequenzen wollte ich als Erzähler auftreten und Brücken zwischen den Sequenzen schlagen. Als Erzähler wollte ich all jene Informationen liefern, die zum Verständnis des nächsten Abschnitts fehlten.

Ohne lang zu überlegen, sprach ich diese Kommentare *quick and dirty* in einen Recorder und setzte sie zwischen die Sequenzen. Schließlich ersetzte ich noch die schwarzen Bilder durch halbwegs passende Filmbilder, aus dem Bildarchiv unserer Drehs in Mals (meistens Bilder aus der Luft). Und zack, fertig war der Film.

Wer auch nur ungefähr weiß, mit wie viel Aufwand Kinofilme normalerweise geschnitten und vertont werden, wird sicherlich bezweifeln, dass bei einer solchen Herangehensweise etwas Herzeigbares entstehen kann. Doch gänzlich ohne Budget hatte ich schlicht keine andere Wahl.

Nach nur drei Wochen Arbeit sah ich mir zum ersten Mal eine vollständige Version des fertigen Films an. Eine 90-Minuten-Kinoversion. Ob dieser Film allerdings »funktionieren« würde, konnte ich selbst nicht einschätzen. Das würde sich jedoch am Folgetag herausstellen.

Für den 16. April 2018 war ein weiteres »Preview mit Regisseur« im Kino am Domberg in Freising, nördlich von München, angesetzt. Und ja, der Film »funktionierte«. Auch in Freising verliebte sich mein Publikum in meine Protagonist:innen aus dem Dorf in Südtirol. Die Reaktionen des Publikums waren hier sogar noch begeisterter als in Immenstadt: sozusagen multipliziert mit der Gesamtanzahl der Episoden.

Nach dem Kinoabend wollten die Zuseher:innen dem Anschein nach gar nicht nach Hause gehen. Sie stellten mir immer neue Fragen: »Wie geht's jetzt weiter in Mals?« »Wie geht's jetzt weiter mit dem Film?«

Gute Frage, dachte ich. Wie sollte es mit dem Film weitergehen? Eigentlich schade, dass ich ihn nie »offiziell« in die Kinos bringen könnte, denn ich verwendete an vielen Stellen wichtiges Bildmaterial, dessen Bildrechte ich gar nicht besaß. Und auch bei den Musikrechten sah ich wenig Chance auf Klärung. Ich hatte kompromisslos Musik eingesetzt, die mir jeweils am besten erschienen war, unabhängig davon, wie schwer es später sein würde, die Rechte dafür zu erlangen.

Ich tröstete mich damit, dass ich jetzt immerhin einen fertigen Film hatte: Diesen Film könnte ich nun immerhin als Dankeschön an die Unterstützer:innen des Crowdfunding senden. Solange der Film nicht in den Kinos lief, würde mir das Rechteproblem schon nicht auf den Kopf fallen.

Nach dem DVD-Versand bliebe nur noch ein Versprechen zu erfüllen: die »Einladung zur Filmpremiere«, die ich im Crowdfunding versprochen hatte. Ohne Produktionsfirma und ohne Filmverleih würde ich mich wohl selbst um diese Premiere kümmern müssen. Dabei würde ich meinen Film zum zweiten und zugleich zum letzten Mal in der Öffentlichkeit zeigen.

Für die Premiere dachte ich an das Filmtheater am Sendlinger Tor in München, das älteste noch bestehende Großkino Münchens. Die Raumhöhe dort ist gewaltig, die Leinwand ist riesig und es gibt separate Zugänge zu den Logen wie in einem Theater.

Ohne zu zögern, sandte ich eine Anfrage an den Kinobetreiber. Leider war die Saalmiete nicht ganz billig. Wenn jedoch alle Premierengäste den normalen Ticketpreis bezahlen würden, könnte sich dieses Abenteuer bei 400 verkauften Tickets knapp rechnen. Ich setzte die Premiere für den 28. Mai fest. Beginn: 20:30 Uhr.

Am Abend der Premiere war ich daher wirklich erleichtert, als ich sah, dass der Saal sich tatsächlich füllte und schließlich sogar ausverkauft war. Ich setzte mich in eine Loge und verfolgte den

Film, oder vielmehr die Reaktionen des Publikums, einmal mehr mit gespannter Aufmerksamkeit. Diese Anspannung löste sich schließlich in Zufriedenheit, ja in Glück auf, als das Publikum am Ende des Filmes minutenlang klatschte.

Besonders freute ich mich darüber, dass einige meiner Protagonist:innen aus Mals bei dieser Premiere anwesend waren. Ich freute mich, dass sie diesen Applaus miterleben durften.

Das Schicksal meines Films, der bisher nur zweimal gezeigt worden war und der nun für immer in der Schublade zu verschwinden drohte, wendete sich auf wundersame Weise, als ich eine Woche danach Valentin Thurn vom Hauptbahnhof in Leipzig abholte. Valentin Thurn ist ein sehr erfolgreicher Regisseur und Produzent von Filmen über Nachhaltigkeit. Mit seinem Kinoerfolg »Taste the Waste« hat er das Thema Lebensmittelverschwendung in Deutschland auf die Agenda gesetzt.

An diesem Tag wollten wir zum MDR gehen, um dort eine neue Filmidee zu präsentieren, die wir gemeinsam entwickelt hatten. Valentin als Produzent, ich als Drehbuchautor und Regisseur.

Auf der Zugfahrt von Köln nach Leipzig hatte Valentin erstmals die Zeit gefunden, »Das Wunder von Mals« anzusehen. Nun kam er mit großen Schritten auf mich zu, streckte mir die Hand zur Begrüßung entgegen und sagte mit breitem Lächeln: »Super Geschichte: Das Wunder von Mals. Finde ich wirklich großartig.«

Nach dem Termin beim MDR fragte mich Valentin dann, wie er mir dabei helfen könne, den Film in die Kinos zu bringen. Wir einigten uns schließlich darauf, dass Valentin zwei Dinge probieren würde. Einerseits verfügte er über gute Kontakte zum WDR. Er könnte versuchen, das Problem der Bildrechte zu lösen – und zwar möglichst kostengünstig. Andererseits könnte er versuchen, einen Vertrag mit einem Kinofilmverleih für mich abzuschließen. Denn einen Film in die Kinos zu bringen, das ist logistisch keine einfache

Sache. Das macht viel Arbeit, vom Versand der Kinokopien bis zur Abrechnung der Kinokarten.

Knapp zwei Wochen später hatte Valentin beide Versprechen eingelöst und beide Probleme aus der Welt geschafft.

Jetzt fehlten nur noch die Musikrechte. Ich stöberte die Komponisten:innen der von mir verwendeten Musiktitel auf und bat sie fast flehentlich, mir den Einsatz ihrer Kompositionen als Filmmusik zu gestatten – und zwar möglichst kostengünstig – und mir darüber hinaus zu erlauben, die betreffenden Rechnungen erst viele Monate später zu bezahlen. In den meisten Fällen klappte das. Es war kaum zu glauben, doch am Ende waren alle Probleme gelöst. Was ich schon nicht mehr zu hoffen gewagt hatte, wurde Realität: Der Film konnte nun tatsächlich in die Kinos.

Was folgte, konnte ich mir auch in meinen kühnsten Träumen nicht vorstellen, »Das Wunder von Mals« lief in Berlin und Potsdam, in Dresden und Leipzig, in Bremen und Hamburg. In Mecklenburg-Vorpommern und in Niedersachsen. In Sachsen-Anhalt, in Thüringen und in Schleswig-Holstein. Er lief in Köln, in Bonn und in Bochum und in vielen kleineren Städten Nordrhein-Westfalens. Wir zeigten ihn auch in Hessen, in Darmstadt, Wiesbaden und Fulda.

Die größten Erfolge jedoch feierte »Das Wunder« im Süden, in Bayern und Baden-Württemberg, da das Publikum hier weniger Probleme hatte, die Mundart aus Südtirol zu verstehen. Dort lief der Film praktisch überall, wo es ein Kino gab.

Die Strategie des Umwegs über Deutschland, von der ich zwei Jahren zuvor in Mals geträumt hatte, war tatsächlich aufgegangen.

Da ich beschlossen hatte, jede Einladung zum Filmgespräch ausnahmslos anzunehmen, verbrachte ich den Rest des Jahres beinahe durchgehend auf Reisen. Das war zwar sehr anstrengend, aber auch sehr schön. Denn wo immer ich hinkam, ob Norden oder Süden: Die Kinosäle waren voll, fast überall ausverkauft. Nicht selten hatten sich Warteschlangen vor den Kinokassen gebildet.

Manchmal kam mir das alles so unwirklich vor wie ein Traum. Ein Traum, der sich beständig wiederholte. Ein Traum, aus dem ich nicht erwachte und auch nicht erwachen wollte.

Seinem Höhepunkt strebte dieser Traum im August 2018 entgegen, am Tag der Österreich-Premiere. »Das Wunder von Mals« war als Eröffnungsfilm des Open-Air-Filmfestivals im Zeughaus in Innsbruck ausgewählt worden. Als ich erfuhr, dass es dort knapp 1.000 Sitzplatze unter freiem Himmel geben würde, bekam ich es trotz aller Erfolge der letzten Wochen mit der Angst zu tun. Würde unser Film in einer kleinen Stadt wie Innsbruck ein so gewaltiges Publikum in eine Vorführung locken können?

Als es allmählich dunkel wurde und ich zusammen mit den Bürgermeistern von Innsbruck und Mals die Bühne betrat, um das Publikum zu begrüßen, erhielt ich auf meine beunruhigende Frage eine überwältigende Antwort, die mir Gänsehaut über den Rücken laufen ließ. Alle Sitzplätze waren belegt, einige Gäste saßen sogar am Boden, andere standen neben und hinter den Sitzreihen.

Eine größere Wirkung als an diesem Abend hat der Film wohl nirgendwo entfaltet. Ich glaube, das lag nicht nur daran, dass die Nordtiroler:innen wirklich jedes Wort verstanden, das im Film gesprochen wurde, jede noch so feine Andeutung, sondern auch daran, dass sie das sonderbare Klima der Repression in ihrem Nachbarland gut kannten, da das politische Klima in Nordtirol sich davon nicht allzu sehr unterscheidet.

Danach lief der Film auch in Österreich in allen größeren Städten. Ich selbst war dabei jedoch selten anwesend, denn ich reiste weiter nach Südtirol, zum Finale Furioso.

Dort war in der Zwischenzeit, so schien es, eine Veränderung eingetreten. Die Menschen waren nicht mehr ängstlich zurückgezogen. Sie zeigten sich furchtlos an meiner Seite oder zumindest im Publikum. Die Kinos waren auch hier ausverkauft.

Gleich am Tag nach dem ersten Kinoabend sprachen mich die Menschen in Brixen auf der Straße an. Sie bedankten sich für den Film und wünschten mir alles Gute. Einmal sah ich sogar ein Transparent aus einem Fenster hängen. Darauf las ich den Spruch: »Mut und Mals, Gott erhalt's.« Jenes Tauwetter, von dem ich immer geträumt hatte, schien allmählich einzusetzen.

Auch das offizielle Südtirol, soweit es auch nur ein wenig grün angehaucht war, saß plötzlich in den ersten Reihen in den Kinosälen. In Bozen und Schlanders, in Sterzing und Bruneck, in Kaltern und Innichen und schließlich in Meran, der Stadt, in der ich drei Jahre lang gelebt hatte. Dort liegt der Eingang zum Kino weit hinten in einer Passage, die durch einen Häuserkomplex führt. Als ich mich am Abend des 6. September dem Anfang dieser Passage näherte, sah ich zutiefst gerührt, dass sich eine Warteschlange gebildet hatte, die bis hinaus auf die Straße reichte.

Auch an diesem Abend wurde mir nach der Vorführung eine Frage gestellt, die ich in Südtirol überall hörte. »Herr Schiebel, was ist eigentlich aus den Strafanzeigen von Landesrat Schuler und den Obstgenossenschaften geworden? Haben Sie noch einmal etwas davon gehört?«

Ich hatte meine Antwort darauf im Laufe der Zeit verfeinert: Das einzige, was ich jemals davon hören würde, sagte ich, würde ein lautes Plumpsen sein, wenn der Staatsanwalt in Bozen vor Lachen rückwärts vom Stuhl kippen würde.

»Im Übrigen war diese Strafanzeige gar nicht an mich adressiert, sondern in Wirklichkeit an euch. Ihr sollt verstehen, wie gefährlich es ist, sich mit der Bauernschaft anzulegen«, so fügte ich hinzu. »Doch damit ist jetzt Schluss, wie es scheint. Sonst wärt ihr nicht in so großer Zahl am heutigen Abend hier erschienen.«

4

Eine Welt am Abgrund

Der größte Umweltzerstörer von allen

Die ersten Erfolge im Ringen mit der Südtiroler Agrarlobby machten Hoffnung. Gleichzeitig nahmen die Probleme, die durch den intensiven Anbau in Monokulturen verursacht wurden – in Südtirol und weltweit –immer bedrohlichere Ausmaße an. Das zeigten Forschungsergebnisse zu den globalen Belastungsgrenzen des Erdökosystems.

Einen starken Impuls erhielt diese Forschung durch den Schweden Johan Rockström, der heute das Institut für Klimafolgenforschung in Potsdam (PIK) leitet. Rockström stellte gemeinsam mit Will Steffen von der Australian National University ein renommiertes Team von Wissenschaftler:innen zusammen. Auch der Nobelpreisträger Paul Crutzen, der für seine Forschung über das Ozonloch berühmt geworden war, trug zum Erfolg dieses Forschungsprojekts bei.

Die Gruppe rund um Johan Rockström stellte sich eine im Grunde einfache Frage: Existieren bestimmte Grenzen der Belastbarkeit der Biosphäre unseres Planeten, die wir nicht überschreiten sollten? Und wenn ja, in welchen Bereichen liegen sie?

Angesichts der rasant fortschreitenden globalen Veränderungen und der wachsenden Dringlichkeit der Probleme, wollten sie sicherstellen, dass wir nicht gedankenlos über eine »Grenze« stolpern, jenseits der das fragile Gleichgewicht der Erde kippt und der Planet für uns Menschen unbewohnbar wird.

Die Wissenschaftler:innen gingen zu Beginn davon aus, dass sie eine Vielzahl solcher Grenzen ausmachen würden – vielleicht Dutzende oder sogar Hunderte. Doch als sie tiefer in die Komplexität der Erdsysteme eintauchten, entdeckten sie etwas Unerwartetes: Es gibt lediglich neun Grenzen.

Im nächsten Schritt ging es darum, diese Grenzen zu quantifizieren. Auch das gelang, und zwar bei sieben von neun Belastungsgrenzen. Dabei jedoch stieß Rockströms Team auf eine weitere überraschende und beunruhigende Tatsache: Vier dieser Grenzen hatten wir bereits überschritten.

Diese Entdeckung sollte große Auswirkungen auf den Kampf zum Erhalt der Biosphäre der Erde haben. Sie bildete die Grundlage für wichtige politische Entscheidungen, wie zum Beispiel für das Pariser Klimaabkommen, in dem die Weltgemeinschaft sich das Ziel gesetzt hatte, die globale Erwärmung auf 1,5 Grad Celsius zu begrenzen.

Auf der Basis dieser neuen Erkenntnisse über unseren Planeten können wir heute auch eine klarere Antwort auf eine Frage geben, der ich bereits in *Das Wunder von Mals* nachgegangen war: Welche Auswirkungen hat eigentlich die industrielle Landwirtschaft in den Bereichen, die für unser Überleben so wichtig sind? Die Antwort lautet: Die intensive, pestizidgestützte Landwirtschaft, mit ihrem Fokus auf die Futtermittel- und Fleischproduktion, spielt für sechs von neun Belastungsgrenzen eine zentrale Rolle, darunter auch für jene vier, bei denen wir uns bereits im roten Bereich befinden.

Die erste Belastungsgrenze betrifft die chemische Verschmutzung und Freisetzung von neuartigen Stoffen, von Chemikalien und anderen Materialien, die in der natürlichen Umwelt nicht oder nur in geringen Mengen vorkommen. Dazu zählen Schwermetalle, Kunststoffe, Arzneimittelrückstände, Industriechemikalien und – in gewaltigen Mengen – chemisch-synthetische Pestizide.

Die exakte Belastungsgrenze für diese »neuartigen Stoffe« ist schwer zu bestimmen, da die jeweilige Grenze von der Art und Menge des freigesetzten Stoffs abhängt sowie von den spezifischen

Auswirkungen auf Ökosysteme und Menschen. Es gibt jedoch zahlreiche Anzeichen dafür, dass wir diese Belastungsgrenze in vielen Bereichen bereits überschritten haben. Durch den großflächigen und massenhaften Einsatz von Pestiziden und Düngemitteln ist die intensive Landwirtschaft eine, wenn nicht *die* Hauptursache der »chemischen Kontamination« der Erde. Auch die extensive Verwendung von Antibiotika in der Tierhaltung fällt in diesen Bereich. Sie verursacht Antibiotikaresistenzen und damit ein gewaltiges globales Gesundheitsproblem, das auf uns zukommen wird.

Die zweite planetare Belastungsgrenze betrifft den globalen Süßwasserverbrauch: die übermäßige Nutzung von Süßwasser aus Flüssen, Seen und dem Grundwasser. Am meisten Süßwasser wird neben der intensiven Landwirtschaft in der Industrie und in den Haushalten verbraucht.

Der Aralsee in Zentralasien, zwischen Kasachstan und Usbekistan, ist ein drastisches Beispiel dafür, was passieren kann, wenn Süßwasser unkontrolliert und ohne Rücksicht auf das ökologische Gleichgewicht verbraucht wird. Einst war er der viertgrößte See der Welt. In den 1960er-Jahren jedoch begannen die Sowjets die beiden Zuflüsse des Sees umzuleiten, um in der Wüste Baumwolle und andere Kulturpflanzen anzubauen. Innerhalb weniger Jahrzehnte schrumpfte der See auf einen Bruchteil seiner ursprünglichen Größe. Die einst blühende Fischerei-Industrie brach zusammen. Die umliegenden Gemeinden litten unter Staubstürmen und der zunehmenden Versalzung der verbliebenen Gewässer.

Ähnliche Szenarien drohen überall dort, wo der Süßwasserhaushalt aus dem Gleichgewicht gerät. Der Grundwasserspiegel sinkt, die Wasserknappheit belastet Tiere und Pflanzen und verringert die Biodiversität. Aber auch zwischen den Menschen drohen Konflikte aufgrund der versiegenden Wasserressourcen, aufgrund von Dürren und Nahrungsmittelknappheit. Auch gesundheitliche Probleme nehmen durch mangelnde Hygiene zu. Ganz abgesehen von den wirtschaftlichen Auswirkungen für die Industrien und andere Branchen, die auf Wasser angewiesen sind.

An vielen Orten der Welt ist der kritische Punkt bereits überschritten. Laut Ernährungs- und Landwirtschaftsorganisation der Vereinten Nationen (FAO) entfallen etwa 70 Prozent des globalen Süßwasserverbrauchs auf die Landwirtschaft. Sie ist gleichzeitig der größte Verschmutzer des Grundwassers durch Pestizide und Düngemittel.[17]

Die dritte Belastungsgrenze des Planeten sind Landnutzungsänderungen. Menschen verändern die natürliche Umwelt, um Raum für menschliche Aktivitäten zu schaffen: Natürliche Habitate wie Wälder oder Grasländer werden in landwirtschaftliche Flächen umgewandelt, in Siedlungen oder Industriegebiete.

Ein drastisches Beispiel dafür ist die Zerstörung der Regenwälder des Amazonasgebiets. Diese Regenwälder werden oft als »die Lunge der Erde« bezeichnet, da sie ein entscheidender Faktor bei der globalen Kohlenstoffbindung sind. Gleichzeitig findet man dort einen Großteil der verbleibenden Biodiversität auf der Erde. Der Amazonas-Regenwald wird jedoch in beispielloser Geschwindigkeit abgeholzt und in Ackerland umgewandelt, hauptsächlich für die Viehwirtschaft und Futtermittelproduktion.

In vielen Teilen der Welt wurde die Belastungsgrenze für Landnutzungsänderungen bereits weit überschritten. Auch hier ist die intensive Landwirtschaft einer der Haupttreiber des Problems. Nach Angaben des Weltklimarats (IPCC) entfallen mittlerweile rund 50 Prozent der globalen habitablen Landfläche auf landwirtschaftliche Flächen.[18] Das hat katastrophale Auswirkungen auf die Biodiversität und die Fähigkeit von Ökosystemen, wichtige Dienstleistungen auch für den Menschen zu erbringen.

Das gilt auch für die vierte planetare Belastungsgrenze. Durch die Düngemittel der intensiven Landwirtschaft und die Abfallprodukte bei der intensiven Tierhaltung gelangen zu hohe Mengen Stickstoff und Phosphor in die Biosphäre. Zuviel Stickstoff beeinflusst das Wachstum vieler Pflanzen auch negativ, Böden verlieren im Zuge der Nitratauswaschung wertvolle Nährstoffe, nährstoffarme Ökosysteme wie Hochmoore oder Magerrasen werden zerstört. In Gewässern führt eine »Überdüngung« mit Stickstoff und Phosphor zu Algenblüten. Der Sauerstoffgehalt im Wasser nimmt ab. Fische und andere Wasserlebewesen sterben. Im Golf von Mexiko, wo der Mississippi ins Meer mündet, beladen mit stickstoff- und phosphorhaltigen Düngemitteln aus dem landwirtschaftlichen Herzen Amerikas, gibt es »Tote Zonen« mit so niedrigem Sauerstoffgehalt, dass die meisten Meereslebewesen dort nicht mehr überleben können. Auch der Stickstoff- und Phosphorkreislauf ist weltweit also bereits stark destabilisiert. Die Landwirtschaft ist ohne Frage auch der Haupttreiber dieser Veränderungen. Nach Angaben des Stockholm Resilience Centre trägt die Landwirtschaft zu etwa 78 Prozent der globalen Nitratauswaschung bei.

Die fünfte Belastungsgrenze ist der menschengemachte Klimawandel. Verursacht wird er durch die Freisetzung von Treibhausgasen in die Atmosphäre, vor allem von Kohlendioxid (CO_2) und Methan (CH_4). Freigesetzt werden diese Treibhausgase hauptsächlich bei der Verbrennung fossiler Brennstoffe (Kohle, Erdöl und Erdgas), der Brandrodung von Regenwäldern – für die Massentierhaltung – und in der Massentierhaltung selbst.

Die Erwärmung der Erdatmosphäre führt zu einer Verschiebung von Klimazonen und zu einem weiteren Verlust der Biodiversität. Extreme Wetterereignisse wie Hitzewellen, Dürren und Überschwemmungen häufen sich. Hunger und Konflikte um knappe Ressourcen nehmen zu und führen zu gewaltigen Migrationsbewegungen. Im schlimmsten Fall sind die Auswirkungen auf das Erdökosystem so dramatisch, dass die Existenz der Menschheit in Gefahr gerät.

Dazu trägt auch die intensive Landwirtschaft bei: Zum einen durch den Einsatz von fossilen Brennstoffen, beispielsweise zur Herstellung von Düngemitteln und Pestiziden und zum Betrieb von landwirtschaftlichen Maschinen. Zum anderen wird bei der Haltung von Wiederkäuern wie Kühen und Schafen und beim Reisanbau Methan in großen Mengen freigesetzt – ein Treibhausgas, das über einen Zeitraum von 100 Jahren etwa 25- bis 30-mal so stark auf das Klima wirkt wie CO_2. Durch den Einsatz von Stickstoffdüngern in der intensiven Landwirtschaft steigen außerdem die Lachgasemissionen. Dieses Treibhausgas ist über einen Zeitraum von 100 Jahren fast 300-mal so wirksam wie Kohlendioxid.

Verblüffenderweise ist die intensive Landwirtschaft daher auch für den größten Teil der globalen Treibhausgasemissionen verantwortlich. Nach Angaben der FAO entfallen etwa 24 Prozent auf die Land- und Forstwirtschaft wie andere landbasierte Aktivitäten.

In der Wissenschaft herrscht mittlerweile Einigkeit darüber, dass die globale Erwärmung auf 1,5 bis 2 Grad Celsius über dem vorindustriellen Niveau begrenzt werden muss, um die schlimmsten Auswirkungen des Klimawandels zu vermeiden. Wenn keine sofortigen und drastischen Maßnahmen ergriffen werden, wird das nicht gelingen.

Alle bisher aufgezählten Formen der Zerstörung der Biosphäre haben eine gemeinsame Folge: Sie sorgen für einen massiven Biodiversitätsverlust, für ein Artensterben von beispiellosem Ausmaß und in beispielloser Geschwindigkeit – die sechste kritische Belastungsgrenze. Verloren geht nicht nur die Vielfalt der Arten, sondern auch deren genetische Vielfalt und die Vielfalt der Ökosysteme.

Die intensive Landwirtschaft trägt durch Überdüngung, Pestizide und die Vernichtung natürlicher Lebensräume massiv und direkt zu diesem Biodiversitätsverlust bei. Nach Angaben des Weltbiodiversitätsrats (IPBES)[19] sind landwirtschaftliche Aktivitäten für etwa 70 Prozent des erwarteten Biodiversitätsverlusts in den kommenden Jahrzehnten verantwortlich, und dieser Verlust bedroht auch die menschliche Zivilisation. Häufig werden an dieser Stelle die Bienen zitiert, die gemeinsam mit anderen Insekten für die Bestäubung und damit das Überleben vieler unserer Nahrungspflanzen unerlässlich sind. Noch dramatischer wären allerdings die Folgen eines ökologischen Zusammenbruchs des Bodenlebens. Denn ohne Bodenleben keine fruchtbaren Böden – und ohne fruchtbare Böden keine Nahrungsmittelproduktion für den Menschen.

Es besteht ein breiter wissenschaftlicher Konsens darüber, dass der derzeitige Verlust an Biodiversität katastrophal und irreversibel ist. Nach den meisten Indikatoren ist der kritische Punkt bereits weit überschritten. Viele Arten sind bereits ausgestorben oder vom Aussterben bedroht – und ohne wirksame Maßnahmen werden die Verluste weitergehen.

Wenn wir mit der intensiven Landwirtschaft und ihren Pestizidwolken konfrontiert sind, sorgen wir uns zu Recht um unsere Gesundheit und um die Gesundheit unserer Kinder – aufgrund der Dauerbelastung mit diesen hochgefährlichen Giften, die wir über die Luft, über die Nahrung und unser Trinkwasser aufnehmen. Aber noch viel gefährlicher ist der Beitrag der intensiven Landwirtschaft zur Zerstörung der Biosphäre des Planeten.

Weltweit – und auch in Südtirol.

Ein Leben ohne Ackergifte

Endlose Apfel-Monokulturen. Ein kleines Dorf, das sich dagegen wehrt. Eine übermächtige Lobby, die auf das kleine Dorf eindrischt, als ob es die Probleme der intensiven Landwirtschaft gar nicht gäbe.

Von diesem Zusammenstoß zwischen einigen Umweltaktivist:innen und der Südtiroler Bauernschaft, die überhaupt nicht verstand, warum sich plötzlich jemand in ihre Angelegenheiten einmischte, handelt mein Film »Das Wunder von Mals«. Auf meiner Kinotour stand ich auf vielen Bühnen in Deutschland, Österreich und der Schweiz, erzählte viele Male vom Kampf für Pestizidfreiheit im kleinen Mals.

An einem der seltenen Tage ohne Termin machte ich mich auf die Suche nach einem Friseur und wurde schließlich in einer Seitenstraße im Zentrum von Nürnberg fündig. Während ich mich in meinem Sessel zurücklehnte und mich kritisch im Spiegel betrachtete, fragte mich der Friseur: »Und? Was machen Sie denn beruflich?«

»Ich habe gerade einen Film ins Kino gebracht«, erwiderte ich nicht ohne Stolz.

»Ah«, zeigte sich der Friseur interessiert. »Worüber denn?«

»Über ein kleines Dorf in den Alpen, das Pestizide auf seinem Gemeindegebiet verbieten will.«

Über das Gesicht des Friseurs huschte ein Ausdruck von Enttäuschung.

»Die Frage ist nur«, sagte er nachdenklich, »ob wir ohne Pestizide eine wachsende Weltbevölkerung überhaupt ernähren können.«

Diesen Satz kannte ich gut. Die Agrochemie-Konzerne und die Bauernverbände trommeln ihn über alle verfügbaren Kanäle. Tag für Tag, Woche für Woche, Monat für Monat und Jahr für Jahr. Mit erstaunlicher Disziplin und Ausdauer.

»Da würde ich gerne die empirische Forschung zu Wort kommen lassen«, antwortete ich bescheiden.

Mein Friseur schnippelte eifrig an meinen Haaren herum und warf mir im Spiegel einen fragenden Blick zu.

»Man muss sich genau ansehen, um wie viel geringer die Ernteerträge pro Hektar aus biologischer Landwirtschaft tatsächlich sind«, fügte ich hinzu.

»Und?«

»Die Ertragslücke zwischen biologischer und konventioneller Landwirtschaft beträgt zwar im Durchschnitt zwischen 20 und 25 Prozent. Aber je nach Anbausystem, Kulturart und geografischer Gegebenheit variiert dieser Prozentsatz stark. In vielen Fällen ist die Ertragslücke kleiner oder verschwindet sogar ganz, besonders dann, wenn die biologische Landwirtschaft gut gemanagt und genau auf die spezifischen Bedingungen der Region zugeschnitten ist.«

Das habe er gar nicht gewusst, sagte mein Friseur. Seine Nachdenklichkeit und Gesprächsbereitschaft gefielen mir.

»Falls wir uns aber tatsächlich um die Ernährung der Menschheit Sorgen machen«, sagte ich, »gibt es einen sehr mächtigen Hebel, um jederzeit Ernährungssicherheit herzustellen. Ein großer Teil der Ernteerträge der Welt, etwa 36 Prozent der globalen Kalorienproduktion, wird nämlich als Futtermittel in der Fleischproduktion verwendet – oder besser gesagt verschwendet. Dabei verwandeln wir eine hohe Anzahl von pflanzlichen Kalorien in eine geringe Anzahl von Kalorien aus Fleisch- und Milchprodukten. Mehr als 70 Prozent der landwirtschaftlichen Flächen der Welt nutzen wir nur dafür, Fleisch- und Milchprodukte für die Wohlhabenden zu produzieren, Tendenz steigend. Wir müssten also lediglich weniger Futtermittel und weniger Fleisch produzieren und schon würde die ganze Welt satt.«

»Mehr als 70 Prozent«, wiederholte mein Friseur mit ungläubigem Staunen.

»Ein Teil dieser Flächen wird für Weideland und Dauergrünland verwendet«, präzisierte ich. »Der Rest für den Anbau von Futtermitteln wie Mais, Sojabohnen und Getreide.«

Mein Friseur dachte kurz nach. »Aber nicht alle Flächen, die als Weide- oder Grünland genutzt werden, sind fruchtbar genug für den Anbau von Nahrungsmitteln für den Menschen, oder? Auf der Alm wachsen keine Zucchini«, sagte er, amüsiert über seine eigene Bemerkung.

»Das stimmt natürlich«, sagte ich und freute mich darüber, dass er mitdachte und unser Gespräch ernst nahm. »Trotzdem könnte ein signifikanter Teil dieser Flächen effizienter für die direkte menschliche Ernährung genutzt werden, wenn man sie für den Anbau von pflanzlichen Lebensmitteln verwenden würde.«

Ich hätte noch hinzufügen können, dass diese Feststellung ungefähr ein Drittel der weltweiten Ackerflächen betrifft, die direkt für den Anbau von Futtermitteln verwendet werden. Doch ich hatte das Gefühl, vorerst genug gesagt zu haben, und mein Friseur konzentrierte sich nun voll und ganz auf meinen Haarschnitt. So erfuhr er zumindest an diesem Tag nichts mehr vom Ausmaß der Kalorienverschwendung in der Fleischproduktion:

- Man benötigt 2 bis 4 Kalorien aus Pflanzen, um 1 Kalorie Hühnerfleisch zu produzieren.
- Bei Schweinen beträgt das Verhältnis zwischen 5:1 und 9:1.
- Rinder wandeln pflanzliche Kalorien am wenigsten effizient um. Hier liegt das Verhältnis von pflanzlichen Kalorien zu tierischen Kalorien zwischen 10:1 und 25:1, je nach Fütterungspraxis und Rasse.

Angesichts dieser Zahlen ließe sich tatsächlich recht einfach dafür sorgen, dass auch in einer Welt mit ausschließlich biologischer Landwirtschaft kein Mensch mehr Hunger leiden müsste.

Wie einfach so etwas gehen könnte, zeigt das folgende Beispiel, an das ich mich jetzt erinnerte: Während der Energiekrise Anfang der 70er-Jahre wurde in Österreich ein autofreier Tag eingeführt. Man klebte sich eine Plakette aufs Auto mit den Anfangsbuchstaben des ausgewählten Wochentages. An diesem Wochentag hatte das Auto in der Garage zu bleiben, sonst musste man Strafe zahlen.

Würden wir analog dazu heute einen fleischfreien Tag einführen, wäre die Welternährung im Handumdrehen gesichert. Und falls das noch nicht ganz reichen sollte, müssten wir eben zwei Tage lang auf Fleisch verzichten. So könnten wir nicht nur den Hunger auf der Welt beenden, sondern auch das grausame Tierleid in der Massentierhaltung. Wir würden alle gesünder leben und wir würden natürlich auch den Beitrag der intensiven Landwirtschaft zur Zerstörung des Planenten dramatisch reduzieren.

Nachdem ich auf die Frage meines Friseurs hin erzählt hatte, dass ich aus Österreich sei, aber zurzeit in Südtirol lebte, ließ ich das Gespräch mit ihm verebben, um meinen Gedanken weiterzuspinnen. In Wahrheit, so dachte ich, könnte man den größten Teil der Probleme, die im Schlepptau der intensiven Landwirtschaft entstanden, durch politische Maßnahmen lösen, die drei einfache Ziele verfolgen müssten: die Reduktion des Fleischkonsums und der Fleischproduktion; ein verpflichtender und flächendeckender Bio-Anbau und mehr Vielfalt in den Regionen und auf den Feldern.

Die Mehrheit der Bevölkerung würde diese politischen Maßnahmen vermutlich als Zumutung empfinden, doch sie wären überlebensnotwendig für unseren Planeten.

Die Umsetzung dieser Ziele, die eigentlich auch das Leben der Landwirt:innen verbessern würde, scheitert jedoch bisher oft am

Widerstand der Bauernschaft selbst. Nicht nur in Südtirol. Sieben Jahre nach der Volksbefragung im kleinen Mals gab es im Jahr 2021 auch in der Schweiz eine Abstimmung über chemisch-synthetische Pestizide. Die Frage lautete dort: Soll der Einsatz von chemisch-synthetischen Pestiziden in der gesamten Schweiz verboten werden – und ebenso der Import von Lebensmitteln, die mit chemisch-synthetischen Pestiziden behandelt wurden? Ein solches Verbot hätte zur flächendeckenden Einführung der Bio-Landwirtschaft in der Schweiz geführt. Ähnlich wie in Mals war die Initiative zu diesem Referendum von einer kleinen Gruppe von Menschen ausgegangen.

Zwei Monate vor der landesweiten Abstimmung sah es noch danach aus, als könnte diese Abstimmung gewonnen werden. Mehr als die Hälfte der Bevölkerung war in Umfragen für ein nationales Pestizidverbot. Aus diesem Grund reiste ich eine Woche vor dem Abstimmungstermin mit einem Kamerateam in die Schweiz, um live dabei zu sein, wenn Geschichte geschrieben wurde.

In der Zwischenzeit jedoch hatten die Verbände der konventionellen Bauern, sozusagen als Sprachrohr der Agrochemie-Konzerne, den ländlichen Raum mit Plakaten überschwemmt. Diese massive Kampagne hätte man für einen Scherz halten können, hätte es sich nicht um eine so ernste Angelegenheit gehandelt. Mit einem Pestizidverbot säge man den Ast ab, auf dem man selbst sitze, hieß es. Die Lebensmittelregale in der Schweiz würden leer bleiben. Bauernsterben, Arbeitslosigkeit und Welthunger wären die unvermeidliche Folge. Man möge aus Solidarität mit den Bauern am Tag der Abstimmung mit »Nein« stimmen.

Die Folge dieser Generalmobilmachung der Agrarlobby im ländlichen Raum: Das Pestizidverbot wurde abgelehnt. Nur in den Städten gab es Zweidrittelmehrheiten dafür, was ich als Hoffnungsschimmer ansah. Denn die meisten der progressiven Ideen, die wir heute für selbstverständlich halten, nahmen in den Städten ihren Ausgang. Meiner Reportage über dieses aufwühlende Erlebnis in der Schweiz gab ich daher den Titel: »Stadt, Land, Gift«.

Nach Fleischreduktion und Pestizidverbot bzw. Bio-Anbau wäre der dritte Hebel, um wirklichen Fortschritt in der Landwirtschaft zu erzielen, eine größere Vielfalt auf den Feldern und in den Regionen. Die regionale Landwirtschaft sollte durch politische Maßnahmen unterstützt werden. Die Überlegung dahinter ist sehr einfach: Je mehr verschiedene Nahrungsmittel innerhalb einer Region angebaut werden, umso vielfältiger ist die Landwirtschaft in dieser Region. Wenn man gleichzeitig dafür sorgt, dass diese Lebensmittel möglichst frisch auf die Teller der Konsument:innen gelangen, kann man auch sehr viel zur Gesundheit der Bevölkerung beitragen.

Fleischreduktion, Bio-Anbau und Vielfalt auf den Feldern und in den Regionen. Theoretisch ist es leicht zu erkennen, in welche Richtung sich die moderne Landwirtschaft entwickeln muss. In der Praxis scheitern die meisten Bemühungen um mehr Nachhaltigkeit in ökologischer und sozialer Hinsicht, ob in Mals, in der Schweiz oder anderswo, vor allem am erbitterten Widerstand der Bauernverbände und der Agrarkonzerne.

Die Lobbys der intensiven Landwirtschaft setzen damit in Wahrheit die Gesundheit der Menschheit aufs Spiel. Natürlich zusammen mit Konsument:innen, die zu faul sind, sich zu informieren und die es vorziehen, sieben Tage pro Woche billige, auf Hochglanz polierte Lebensmittel in sich reinzustopfen. Darunter Fleisch an jedem Wochentag – in der Früh, zu Mittag und am Abend.

Aber war es wirklich so einfach? Konnte man tatsächlich dem Konsumenten den Schwarzen Peter zuschieben? Konnte man die Verantwortung bei ihm abladen oder war das in Wirklichkeit nur eine heillose Überforderung? Jedenfalls war es eines der am häufigsten gebrauchten Argumente von Lobbyisten, die eine Regulierung ihrer Branche verhindern und davon ablenken wollen, dass kollektive Probleme politische Lösungen erfordern. Alles andere ist Augenauswischerei.

Diese und ähnliche Gedanken gingen mir auf dem Weg zurück ins Hotel durch den Kopf, während sich mein Friseur vermutlich bereits dem nächsten Haarschnitt und damit dem nächsten Gesprächsthema zugewandt hatte.

Die soziale Konstruktion der Wirklichkeit

Während ich mir in zunehmende Maße mein Hirn zermarterte, wie man jenen enormen Gefahren begegnen könnte, die durch das Überschreiten der planetaren Belastungsgrenzen drohen, staunte ich zugleich immer mehr darüber, dass solche Überlegungen im Leben der meisten von uns kaum eine Rolle spielen. Allem Anschein nach sind wir schlicht mit anderen Dingen beschäftigt. In unserer Welt genießen zahllose andere Projekte Priorität, die angesichts der existenziellen Krisen, die uns bevorstehen, fast lächerlich erscheinen. Doch diese Welt funktioniert nach ihren eigenen Regeln, die uns logisch und real, vielleicht sogar unverrückbar erscheinen, obwohl sie in Wirklichkeit von uns selbst geschaffen wurden.

Manche dieser Regeln und Erwartungen unseres Zusammenlebens haben wir so sehr in uns aufgenommen, dass sie auf uns wie Naturgesetze wirken. Doch das sind sie nicht. Sie sind veränderlich. Sie sind genauso, wie sie heute sind, weil sie in einer bestimmten Zeit und in einer bestimmten Kultur so entstanden sind. In verschiedenen Kulturen, Ländern und Zeiten fallen sie sehr unterschiedlich aus.

Wir halten sie nur deshalb für so selbstverständlich, weil wir sie von Kindertagen an erlernen, weil wir in sie hineinwachsen. In unserer Kindheit wird die Brille geformt und uns auf die Nase gedrückt, durch die wir später die Welt wahrnehmen. Wir verinnerlichen die Normen und Regeln der sozialen Realität so lange, bis sie uns am Ende vollkommen selbstverständlich erscheinen. Sie erscheinen uns zuletzt nicht mehr als von außen auferlegt, sondern als Teil unserer eigenen Persönlichkeit. Deshalb akzeptieren wir diese Regeln nicht nur, sondern kämpfen sogar für sie. Wir wollen sie aktiv aufrechterhalten und durchsetzen.

Diese Regeln betreffen unsere gesamte soziale Realität, unsere Gesellschaft, Wirtschaft und Politik, unser Privatleben und unser öffentliches Leben.

Die Fragen, die wir uns dabei stellen und die wir gemeinsam beantworten, gleichen den Fragen, die sich eine Räuberbande stellt, wenn sie versucht, sich zu organisieren: Wer ist wofür zuständig? Wer macht was? Wer darf was? Wer bestimmt was? Und wer bekommt am Ende welchen Anteil der Beute? Unterschiedliche Kulturen entwickeln dabei unterschiedliche Methoden zur Verteilung von Macht und Ressourcen, die ihren Werten und ihren Normen entsprechen.

Flankiert werden diese Antworten auf zentrale Fragen von Wirtschaft und Politik von einer schier unüberschaubaren Anzahl gesellschaftlicher Spielregeln. Zum Beispiel: Wie darf ein Untergebener mit seinem Vorgesetzten reden? Wie darf ein Vorgesetzter mit seinem Untergebenen reden? Wie darf ein Kind mit seinen Eltern reden? Wie dürfen Eltern mit ihren Kindern reden? Ist eine

Ohrfeige für ein Kind in Ordnung? Oder ist sie es nicht? Soll ich ein Wort aus dem Verkehr ziehen, wenn sich jemand dadurch verletzt fühlt? Oder soll ich es nicht tun?

Alle diese Regeln und die durch sie etablierte Wirklichkeit wurden und werden von uns selbst geschaffen. Alle diese Welten könnten auch ganz anders aussehen. Eine Ohrfeige war für Kinder in den 50er-Jahren Alltag – heute ist sie zum Glück verboten. Wer in den 50er-Jahren in einer Konditorei einen »Mohren im Hemd« bestellte, bekam ein Stück Schoko-Nuss-Kuchen serviert. 70 Jahre später ist die Reaktion vielleicht ein Sturm der Entrüstung. Vor einem Jahrhundert wurde in vielen westlichen Gesellschaften noch akzeptiert, dass Frauen nicht wählen durften. Heute ist diese Einstellung undenkbar. In den 50er- und 60er-Jahren war das Rauchen in Flugzeugen erlaubt und sozial akzeptiert. Durch zunehmende Erkenntnisse über die gesundheitlichen Auswirkungen des Passivrauchens änderte sich diese soziale Norm.

Diese Beispiele verdeutlichen die Dynamik beim Wandel sozialer Normen und Regeln. Sie zeigen, dass unsere soziale Realität nicht feststeht, sondern sich im Laufe der Zeit entwickelt und verändert.

Allerdings geschieht das selten ohne Konflikt. Denn anfänglich sind neue Normen oft umstritten. Erst allmählich setzen sie sich durch und erscheinen irgendwann ganz selbstverständlich. Sklaverei war beispielsweise lange Zeit ein fest verwurzelter Bestandteil der amerikanischen Südstaaten, wo die Wirtschaft größtenteils auf der Arbeit von Sklaven im Baumwollanbau basierte. Als im 19. Jahrhundert die Bewegung zur Abschaffung der Sklaverei an Kraft gewann, stieß sie auf starken Widerstand und führte zu tiefen gesellschaftlichen Spaltungen und letztlich zum Amerikanischen Bürgerkrieg, einem der blutigsten Konflikte in der amerikanischen Geschichte.

Obwohl Regeln, Normen und Gesetze unserer sozialen Welt unsere eigenen Erfindungen sind, bilden sie dennoch unsere primäre Wirklichkeit. In ihr verbringen wir unser Leben. An sie passen wir uns an. In ihr lernen wir, was die Dinge bedeuten. Was wir anstreben und was wir meiden sollten. Was von Wert und was von Unwert ist. Was man tun darf und was nicht. Wir lernen von klein auf ihre Regeln und Normen zu akzeptieren.

Für Regelbrecherinnen und Revoluzzer gibt es in jedem Teilsystem der Gesellschaft eine Reihe spezifischer Bestrafungen. Für jene jedoch, die sich anpassen, Belohnungen. Zu diesen negativen und positiven Sanktionen zählen: Schimpf und Lob, schlechte und gute Schulnoten, Karriere oder Arbeitslosigkeit, Wohlstand oder Obdachlosigkeit.

Unsere einzigartige Fähigkeit zur Zusammenarbeit und Koordination in großen Gruppen, die auf gemeinsamen Werten, Normen und Regeln basieren – eigentlich auf erfundenen Welten – ist einer der Hauptgründe für den Erfolg der menschlichen Spezies. Der Mensch ähnelt in dieser Hinsicht Ameisen, Bienen oder Termiten. Wie sie leben Menschen in großen Gruppen zusammen, die auf Kooperation und Arbeitsteilung basieren. Diese Fähigkeit zur Zusammenarbeit ermöglicht es uns, komplexe soziale Strukturen und Technologien zu schaffen, die weit über das hinausgehen, was ein einzelnes Individuum erreichen könnte.

Durch diese Ausdifferenzierung der Gesellschaft vollbringen wir heute wahre Wunderwerke. Doch leider ist unsere Fähigkeit zur Anpassung, die all diese Wunder möglich gemacht hat, auch ein Einfallstor für die Unfähigkeit, auf veränderte Bedingungen schnell genug zu reagieren. Haben wir uns einmal an eine gewisse Art des Denkens und Handelns gewöhnt, fällt es uns schwer, andere Möglichkeiten überhaupt in Betracht zu ziehen. Weil uns diese Art des Denkens und Handelns in Fleisch und Blut übergegangen ist, unternehmen wir im Gegenteil alles, um sie nicht aufgeben zu müssen – das wäre schließlich auch eine Art Selbstaufgabe.

Also ignorieren wir Fakten und biegen uns die Wirklichkeit zurecht.

Wenn wir über die Folgen unseres Handelns nachdenken, tun wir das innerhalb des Systems, das wir erlernt haben – denn alles andere ist für uns nur sehr schwer vorstellbar. Und deshalb tun wir am Ende meistens das, was wir immer schon getan haben – weil es sich für uns gut und richtig anfühlt. Wir bauen ein Haus, wir kaufen ein Auto und wir fahren im Urlaub ins mehr oder weniger ferne Ausland.

Unsere unglaubliche Anpassungsfähigkeit ist unsere größte Stärke und Schwäche zugleich. In Bezug auf die Zerstörung der Biosphäre der Erde, auf Artensterben und Klimakrise, ist die Menschheit dabei, den Beweis ihrer totalen Unfähigkeit zu erbringen. Während die Welt der Naturgesetze an unser Fensterchen klopft, die Messgeräte der Wissenschaft dieses Klopfen für uns übersetzen und die Wissenschaftler:innen selbst uns mit immer dringlicheren Aufrufen vor den gravierenden Folgen unseres Umgangs mit der Natur warnen, verhalten sich die meisten Menschen (darunter auch viele Poltiker:innen) so, als ginge sie das alles gar nichts an.

Was wir im Innenraum der menschlichen Zivilisation veranstalten, ist uns unendlich viel wichtiger als das, was da draußen vor den Fenstern geschieht. Unsere sozial konstruierte Welt ist der Ort, an dem wir leben. Ihre Notwendigkeiten prägen unseren Alltag viel stärker als bedrohliche Erkenntnisse über zukünftige Entwicklung in Bezug auf unsere natürliche Umwelt.

Die dramatische Zerstörung der natürlichen Grundlagen unserer Zivilisation spielt so gut wie keine Rolle in unserem Alltag. Der größte Teil unserer kognitiven Ressourcen ist auf Arbeit, Unterhaltung und Interaktion gerichtet. Diese menschliche Tendenz, sich auf unmittelbare und persönlich relevante Probleme zu konzentrieren, ist in der Psychologie als »Nähe-Bias« bekannt. Eine Studie des amerikanischen Bureau of Labor Statistics aus dem Jahr 2019 zeigte, dass Menschen in den USA den größten Teil ihres Tages mit Arbeit (8,5 Stunden), Schlafen (8,8 Stunden) und Freizeitaktivitäten wie Fernsehen (2,8 Stunden) verbringen.[20] Ähnliche Ergebnisse wurden auch in Deutschland vom Statistischen Bundesamt ermittelt.

Wir halten die Probleme der sozialen Welt, die wir selbst erzeugt haben, für wichtiger als die Gesetze der Natur, die uns umgibt. Wir verwechseln die Regeln unserer sozialen Welt mit Naturgesetzen. Wir sind eher bereit, die Existenz der Menschheit aufs Spiel zu setzen, als unsere selbst geschaffenen Regeln anzupassen.

Im Lukas-Evangelium heißt es in Bezug auf die Sintflut: »Sie aßen, sie tranken, sie heirateten, sie wurden verheiratet bis zu dem Tag, da Noah in die Arche ging und die Flut kam und alle umbrachte.«

Die Springquelle aller Probleme

Wie sieht die Arche des 21. Jahrhunderts aus, die uns vor der Sintflut rettet? Wie können wir unseren Mangel an Vorsicht und Rücksicht im Umgang mit gefährlichen Technologien (Technologien, die wie die Dampfmaschine und deren Nachfolgeerfindungen einmal eingeführt wurden, um unser Leben zu erleichtern, uns dann aber aufgrund ihrer fossilen Energiebasis über den Kopf gewachsen sind) und Produkten (Pestiziden etwa, oder zu viel Stickstoff) beheben? Wie finden wir eine Lösung für die bedrohlichen Probleme, die sich vor uns aufbauen?

Im Grunde haben wir drei Möglichkeiten: Wir können bei einzelnen Ursachen ansetzen, bei Ursachenkomplexen oder bei systemischen Ursachen.

Wer bei Einzelursachen ansetzt, könnte zum Beispiel das Ziel verfolgen, chemisch-synthetische Pestizide zu verbieten. Damit wäre zumindest eine Ursache für den Biodiversitätsverlust aus dem Weg geräumt.

Andere argumentieren, dass es besser wäre, Ursachenkomplexe in den Blick zu nehmen und beispielsweise die intensive Landwirtschaft mit all ihren zahlreichen Nebenwirkungen (inklusive Kunstdünger, genmanipuliertem Saatgut und Antibiotika in der Massentierhaltung) einzuschränken und Alternativen dazu zu entwickeln.

Wieder andere wollen die Systemursachen beheben, die allen einzelnen Ursachen und allen Ursachenkomplexen zugrunde liegen. Sie denken, dass die Hauptursache unserer Probleme in unserem Wirtschaftssystem liegt und dass uns die technologischen Entwicklungen früher oder später zum Verhängnis werden, wenn wir unsere Wirtschaft und Gesellschaft nicht grundlegend umbauen. Deshalb hört man auf Klima-Demos oft den Slogan: »System Change not Climate Change«.

Je mehr ich darüber nachdachte, desto mehr begannen mich diese Systemursachen zu interessieren. Am meisten weckte mein Interesse jenes Teilsystem unserer sozial konstruierten Welt, das womöglich die stärksten Auswirkungen auf unseren Alltag hat: das Regelsystem, das unsere Wirtschaft und Zusammenarbeit lenkt. Es ist praktisch omnipräsent. Denken wir nur an die Notwendigkeit zu arbeiten, die eigene Arbeitskraft oder ein Produkt zu vermarkten, um im Gegenzug Geld dafür zu erhalten. An die Notwendigkeit, für sich eine Rolle zu finden, damit man sich im Gegenzug eine Ecke vom Kuchen abschneiden darf.

Wir alle sind lebenslang Produzenten und Konsumenten: Wir verkaufen, um kaufen zu können. Die Regeln der Wirtschaft formen unser soziales Leben und unser Denken, sie definieren nicht nur unsere materiellen Lebensbedingungen, sondern auch unsere Wertvorstellungen und unser Verständnis von Moral.

Ich habe die Erfahrung gemacht, dass viele von uns diese Prägung durch unser Wirtschaftssystem nicht wahrnehmen. Sie können sich keine andere Welt vorstellen als die, in der sie leben. Sie fragen sich nicht, wie so eine andere Welt aussehen könnte. Wie unser Wirtschaftssystem aussehen sollte, könnten wir es von Grund auf neu erfinden.

Wäre ich vor diese Aufgabe gestellt, würde ich mir als Erstes die Frage stellen, welche Ziele damit erreicht werden sollen. Eine harmonische, menschliche Gesellschaft schiene mir zum Beispiel kein abwegiger Vorschlag. Dazu ein nachhaltiger Stoffwechsel mit der natürlichen Welt, der langfristig funktioniert. Alle Lebewesen sollen sich, so weit als irgend möglich, ihrer Art gemäß entfalten können. Sie sollen dabei nicht behindert, sondern nach Kräften unterstützt werden. Das Motto würde lauten: Leben fördern und entwickeln, nicht behindern oder zerstören. Daraus folgte die Notwendigkeit, sich als Teil eines größeren Ganzen zu sehen. Wir würden lernen, dass jede Zerstörung von anderem Leben am Ende in Selbstzerstörung mündet und dass es keinen anderen Weg zu einem harmonischen Miteinander gibt als den Weg des Teilens.

Das klingt für kontemporäre Ohren vielleicht idealistisch. Aber die Naturreligionen, die Menschen über Jahrtausende begleitet haben, haben ähnliche Vorstellungen vom Kreislauf des Lebens und vom Platz des Menschen in der Welt entwickelt; auch aus allen großen Weltreligionen lassen sich ähnliche Grundregeln ableiten.

Aber man muss gar nicht die Religionen bemühen. Auch in unserer Kultur ist die Sehnsucht nach einer solchen Welt noch vorhanden. Im Wienerlied der Gruppe »Die Strottern« heißt es zum Beispiel:

A bissl aufpassn aufanond,
Ein bisschen aufpassen aufeinander.
a bissl Handschuarch aus Samt,
Ein bisschen Handschuhe aus Samt.
a bissl denkn vorn redn
Ein bisschen Denken vor dem Reden.
a bissl nehma, fü gebn.
Ein bisschen Nehmen, viel geben.

Der eine würde in so einer Welt zugunsten des anderen verzichten. Denn das eigentliche Ziel bestünde darin, sich gemeinsam zu entwickeln, und daher im Teilen der Ressourcen.

Die Entwicklung einer neuen Wirtschaftsordnung könnte sich auch an Albert Schweitzer orientieren. An seinem Prinzip der Achtung und Wertschätzung für alle Formen des Lebens, das nicht nur menschliches Wohlergehen, sondern auch das Wohlergehen des gesamten Planeten berücksichtigt.

Manche mögen der Ansicht sein, dass eine solche Wirtschafts- und Gesellschaftsordnung nicht der Natur des Menschen entspricht. Ich bin hingegen der Meinung, dass sie lediglich der aktuell vorherrschenden Kultur widerspricht, also den in unserem Zeitalter gültigen, aber doch von uns selbst geschaffenen Regeln.

Mich überzeugt die Biophilie-Hypothese von Edward O. Wilson, die besagt, dass der Mensch eine angeborene Liebe zu anderen Lebewesen und zur Natur besitzt. Wer ein Haustier hat oder jemals hatte, kennt vielleicht dieses Gefühl der Liebe zu den Lebewesen, ja zum Leben selbst.

Die aktuellen Spielregeln unseres wirtschaftlichen Zusammenarbeitens, die wir mit Naturgesetzen verwechseln, hindern uns jedoch daran, eine andere Welt für machbar oder sogar für notwendig zu halten. Diese Spielregeln, die wir von Kindesbeinen an erlernen, animieren uns nicht zum Teilen. (Außer vielleicht in Sonntagsreden, die weitgehend folgenlos bleiben.)

Sicher, auch eine weniger altruistische Seite gehört zur menschlichen Natur. Die Sozialforschung zeigt ganz klar, dass Menschen auch dazu neigen, sich selbst und die Mitglieder der eigenen Gruppe (»Ingroup«) zu bevorzugen. Eine solche Gruppe kann die Familie sein, aber auch eine andere Gruppe mit beliebigen, willkürlich definierten Merkmalen: Menschen derselben Nationalität zum Beispiel, mit derselben Hautfarbe, demselben Haarschnitt oder demselben Lieblings-Fußballverein.

Unser Wirtschaftssystem jedoch stimuliert diesen sogenannten »Ingroup Bias«, anstatt ihn zu korrigieren. Von Klein auf wird uns eingehämmert, dass man sich um sich selbst kümmern muss, weil man sonst auf der Strecke bleibt. Die Welt, die uns umgibt, stimuliert unseren Egoismus. Die gesamte Wirtschaftsordnung der modernen Welt basiert auf der Vorstellung des individuellen Gewinns und Konsums. Gefördert und gefordert wird das Streben nach *individuellem* Wohlstand. Auch Medien und Werbung tragen das Ihre dazu bei, indem sie den Eindruck erwecken, dass Glück und Erfolg durch Besitz und Konsum erreicht werden können.

Der forcierte Egoismus hüllt sich in unserem Wirtschaftssystem in ein altruistisches Mäntelchen: Wenn jeder Mensch versuchte, das Maximum für sich herauszuholen, würde am Ende das bestmögliche Resultate für die Gemeinschaft entstehen. Im Zentrum unseres Wirtschafts- und Arbeitslebens steht die Idee, dass maximaler Egoismus sich zum Nutzen aller auswirken werde.

Diese These geht auf eine einflussreiche Lesart der Ideen des schottischen Moralphilosophen Adam Smith zurück: Wenn Individuen ihre eigenen Interessen verfolgten, trügen sie letztlich dazu bei, dass das gesamte Wirtschaftssystem effizient funktioniert und damit der Wohlstand für alle steigt. Jeder arbeite für sich, dann arbeite eine »unsichtbare Hand« für alle.

Obwohl diese Idee nach wie vor zu den Leitideen unserer Wirtschaft gehört, weist sie zahlreiche Schwachstellen auf. Akteure, die ihre eigenen Interessen verfolgen, können zu einer übermäßigen Nutzung und schließlich zur Erschöpfung gemeinsamer Ressourcen beitragen, zum Beispiel im Fall der Überfischung. In solchen Fällen trägt das Streben des Individuums nach Gewinn überhaupt nicht zum Wohl der Gemeinschaft bei.

Es gibt viele weitere Bereiche, in denen der Markt nicht funktioniert. Zum Beispiel bei den sogenannten externen Effekten, wie zum Beispiel der Zerstörung von Umwelt, die nicht in den Kosten der Herstellung eines Produkts enthalten sind.

Doch selbst dort, wo die »unsichtbare Hand« dazu beiträgt, die Wirtschaftsleistung zu erhöhen, gibt es keine Garantie dafür, dass der daraus resultierende Wohlstand zwischen den Menschen fair verteilt wird. In der Wirklichkeit entstehen erhebliche Einkommens- und Vermögensunterschiede. Während einige Menschen enorm profitieren, bleiben andere zurück.

Mir persönlich erscheint die Idee, dass maximal egoistisches Verhalten sich zum Wohlstand aller wenden wird, geradezu grotesk. Stellen wir uns eine Grundschulklasse vor. Ein Kind hat Geburtstag und am Tisch steht eine große Torte. Im Kreis um die Torte stehen die Kinder. In der rechten Hand halten sie ein Messer, in der linken Hand eine Gabel. Der Lehrer hält eine Trillerpfeife in seiner Hand und erklärt die Regeln. »Jeder von euch darf sich nach dem Pfiff aus dieser Trillerpfeife auf die Torte stürzen. Jeder von euch darf dann versuchen, so viel wie möglich davon für sich selbst zu ergattern. Wer andere Kinder attackiert, egal ob mit Gabel oder Messer, wird ausgeschlossen – vorausgesetzt ich sehe es.«

Ich kann mir nicht vorstellen, dass diese Regeln zu einer sinnvollen Verteilung der Torte führen werden. Tatsächlich habe ich einmal bei einem Kindergeburtstag eine ähnliche Szene miterlebt. Allerdings ohne Lehrer, ohne Trillerpfeife und ohne explizite Regeln. Die Resultate waren dennoch enttäuschend.

Wir sollten nicht unseren Egoismus stimulieren, sondern die »better angels of our nature«, unsere besseren Anlagen und Fähigkeiten. Doch stattdessen belächeln und denunzieren wir sie. Menschen, die Gutes bewirken wollen, werden als »Gutmenschen« verhöhnt. »Ich« schreiben wir groß und »wir« schreiben wir klein.

Vor Jahrzehnten plakatierten die Rechtspopulisten in meinem Heimatland den Slogan »Österreich zuerst«. Auf einem Plakat hatte jemand die Buchstabenfolge »Österre« übermalt. Übrig blieb ein tiefer Einblick in das dunkle Herz unserer Ideologie: »ich zuerst«.

Eigentlich sollten wir uns genau in die entgegengesetzte Richtung bewegen: vom Ich zum Wir. Denn die Ideologie des »Ich zuerst«, die Ideologie eines Wirtschaftssystems, das auf der Idee des Krieges von jedem gegen jeden beruht, ist die Springquelle all unserer Probleme, untereinander und mit der Welt.

Über die Unfähigkeit zur angemessenen Reaktion

Unsere Gesellschaft zeigt sich bemerkenswert unfähig, politische Lösungen zum Schutz der Biosphäre der Erde zu finden.

Das liegt zum einen daran, dass nicht wenige unsere sozial konstruierte Alltagswelt für »naturgesetzlich« halten. Ein Ende der Welt können sie sich eher vorstellen als ein Ende des Kapitalismus.

Es liegt aber auch daran, dass die »Profiteure des Status quo« sich jeder Veränderung entgegenstellen, die ihr Geschäftsmodell gefährden könnte.

Sie prolongieren gefährliche Probleme, unter anderem dadurch, dass sie Schwachstellen unseres politischen Systems nutzen, um die notwendigen Schritte zur Lösung dieser Probleme zu verhindern oder zu verzögern. Indirekt oder direkt, auf legalem oder illegalem Weg, finanzieren und unterstützen sie bestimmte Politiker:innen und politische Parteien, die nach ihrer Wahl Entscheidungen treffen, die den Interessen ihrer Geldgeber mehr dienen als dem Interesse der Allgemeinheit.

Am Beispiel des politischen Systems lassen sich die fatalen Auswirkungen der Ideologie des »Ich zuerst« gut veranschaulichen.

- Politiker:innen arbeiten primär an *ihrem* politischen Erfolg.
- Konzerne arbeiten primär an *ihrem* wirtschaftlichen Erfolg.
- Das Gemeinwohl bleibt auf der Strecke, während die Agenda der »Profiteure des Status quo« (oft ohne Rücksicht auf Verluste) weiterhin umgesetzt wird.

Aber auch viele Wähler:innen sind in hohem Maße von der Ideologie des »Ich zuerst« infiziert. Im Zentrum ihrer politischen Präferenzen stehen nicht das Gemeinwohl oder die Umwelt, sondern hauptsächlich der eigene Vorteil. Abgelenkt durch die permanente Reizüberflutung der Werbung und der Unterhaltungsindustrie und vollauf beschäftigt mit den Anforderungen des Alltags, erweist sich die Bevölkerung als unfähig, den Kurs von Wirtschaft und Politik zu korrigieren.

Manche Menschen verstehen das Problem der Überschreitung der globalen Belastungsgrenzen nicht oder nicht vollständig – und wollen es oft auch gar nicht verstehen. Aus Angst vor jeder Art von Veränderung wiederholen sie eine schier unglaubliche Anzahl von

Fehleinschätzungen, die in den meisten Fällen von Wirtschaft und Politik systematisch in Umlauf gebracht und verstärkt wurden.

Doch seltsamerweise drängen auch viele Menschen, die das Ausmaß der Krise erfasst haben, nicht wirklich vehement auf Lösungen. Das Ausmaß ihrer Reaktionen entspricht nur selten dem Ausmaß der Gefahren.

Manche von ihnen setzen auf allmähliche Transformation. Immerhin sei das Problembewusstsein bereits vorhanden, sagen sie. Man habe sich daher ehrgeizige Ziele gesetzt. (Allerdings meist nur auf dem Papier. Den Worten folgen oft keine Taten, weil Lösungen eben oft vehement bekämpft werden.)

Manche schieben die Verantwortung ab, um selbst nicht aktiv werden zu müssen, zum Beispiel in Bezug auf die Klimakrise: »Solange die Chinesen nicht handeln, hat alles, was wir hier tun, keinen Sinn.« Oder: »Letztlich ist der Konsum die Ursache aller Zerstörung. Der Konsument muss sich ändern, dann ändert sich die Welt.«

Andere wiederum behaupten, man müsse mit Anreizen arbeiten und keinesfalls mit Verboten. Nur Zuckerbrot, keine Peitsche. Warum das so sein soll, erschließt sich mir nicht. Es gibt schließlich viele Formen von zerstörerischem Verhalten, die durch Anreize allein nicht verhindert werden.

Wieder andere träumen von zukünftigen Technologien. »Es macht nichts«, sagen sie, »wenn wir heute die Welt zerstören, denn wir werden morgen Mittel erfinden, sie wieder zu reparieren.«

Alle diese und viele ähnliche Argumente haben aber eine Gemeinsamkeit: Sie leugnen die Notwendigkeit für disruptiven Wandel, für sofortige und drastische Maßnahmen.

Wo die Menschen jedoch zu handeln beginnen, geschieht das ebenfalls oft nicht im angemessenen Umfang. Einige, die sich zum Beispiel aufs Fahrrad schwingen oder auf Fleisch verzichten, scheinen tatsächlich zu glauben, dass sie damit einen bedeutenden Beitrag zur Lösung der Umwelt- und Klimakrise leisten. Trotz ihrer wohlmeinenden Absichten leben sie in einer Illusion. Alle persönlichen Verhaltensänderungen werden nicht ausreichen, wenn es keine politischen Maßnahmen gibt.

Nur wenige sind bisher bereit, die Lösung der Krise der weltweiten Umweltzerstörung zu ihrer obersten Priorität zu machen und sich mit Opferbereitschaft dafür einzusetzen, dass die nötigen politischen Weichenstellungen sofort und im nötigen Umfang erfolgen. Diese tapferen Aktivist:innen von Organisationen wie »Ende Gelände«, »Extinction Rebellion« oder der »Letzten Generation« sind jedoch (vorläufig noch) viel zu wenige und ihre Mittel sind (vorläufig) zu beschränkt, um gegen die Übermacht jener etwas auszurichten, die (mehr oder weniger) weitermachen wollen wie bisher.

Eine Umfrage des ZDF von November 2022 zeigte, dass 83 Prozent von 1.300 Befragten der Meinung waren, dass die Klimaproteste der »Letzten Generation« zu weit gingen. Nur 14 Prozent widersprachen. Darunter nicht wenige Klimawissenschaftler:innen.

»Jeder, der unter 70 ist und seinen Ruhestand in Frieden verbringen will, sollte sich jetzt in der Klimabewegung engagieren«, sagte beispielsweise der führende deutsche Klimawissenschaftler Stefan Rahmstorf. Noch verhallen solche Appelle jedoch weitgehend ungehört.

Die Situation, in der wir uns befinden, kann man mit einer Reihe von aneinander geketteten Zwergen vergleichen, die quer auf einer sehr breiten Autobahn stehen, während ein riesiges Auto auf sie zurast.

Im Angesicht des gewaltigen Autos reagieren die winzigen Zwerge ganz unterschiedlich. Es gibt einige, die behaupten steif und fest: »Da ist überhaupt gar kein Auto.«

Neben ihnen stehen ein paar andere, deuten in die Ferne und sagen: »Das Auto fährt doch gar nicht so schnell. Der Aufprall wird schon nicht so schlimm werden. Außerdem kann das Auto auch noch im letzten Moment abbremsen.«

Ein bisschen weiter in der Reihe unterhalten sich einige miteinander, die erkannt haben, dass sich das Auto gefährlich schnell nähert und dass es sie alle platt machen wird. Ein paar dieser Zwerge schlagen vor, man könne doch einfach ein Stück zur Seite gehen: »Machen wir einen kleinen Schritt, jetzt gleich. Das ist immerhin ein Anfang.« Sie tun es und fühlen sich erleichtert. Immerhin haben sie reagiert.

Ganz außen aber stehen ein paar Zwerge, die alles versuchen, um dem Auto irgendwie auszuweichen und den Aufprall zu verhindern. Sie schreien. Sie gestikulieren. Sie radikalisieren sich und zerren wie wild an den Ketten. Aber die anderen Zwerge reagieren nicht auf diese Verzweiflung, sondern ärgern sich nur über die Belästigung durch das Gezerre der Zwerge in Panik.

Je mehr ich über meine Situation (sowie die von Südtirol und der Welt) nachdachte, desto mehr fühlte ich mich wie einer dieser Zwerge und desto aussichtsloser schien mir die Lage. Immer deutlicher glaubte ich zu erkennen, dass die Probleme der intensiven Landwirtschaft, mit denen ich mich so intensiv beschäftigt hatte, nur ein Teilaspekt eines sehr viel umfassenderen Problems waren: der Zerstörung der Biosphäre der Erde.

Doch die meisten Menschen kümmert das nicht – im Gegenteil. Jedes entschiedene Engagement, zum Beispiel für eine konsequente Klimapolitik, halten sie für radikal. Sie leben in einer schönen neuen Welt, die durch einen andauernden Strom von datenbasierten Unterhaltungs- und Konsumangeboten stabilisiert wird. Unsere geistige Umwelt ist – wie Donald Trump es einmal formuliert hatte – »mit Scheiße geflutet«.

In dieser geschwätzigen Welt, in der alle gleichzeitig und immer aufgeregter durcheinander reden, wird es zunehmend unmöglich, mit jenen wenigen zu diskutieren, die noch an Zusammenhängen interessiert sind und über den Tellerrand ihres jeweiligen Alltags hinausblicken können und wollen.

»Wie und mit wem soll ich in einer solchen Welt noch sprechen? Ist ein nachdenklicher Tonfall in einer atemlosen Zeit überhaupt noch möglich?«, waren Fragen, die mich umtrieben und die meine Lust, Bücher zu schreiben oder Filme zu machen, trotz der Erfolge der letzten Monate und Jahre gegen null gehen ließen.

Was aber sollte ich stattdessen tun? Wie sollte ich für die Zukunft unserer Kinder kämpfen, die mir so sehr am Herzen lag?

Mir fiel keine Methode mehr ein, an deren Erfolg ich glauben konnte. Zugleich schien es mir unsinnig, einfach irgendetwas anderes zu tun, was nichts mit den Krisen zu tun hatte, die mir so deutlich vor Augen standen. Doch alles, was ich bisher versucht hatte, erschien mir, im Angesicht der weitgehenden Untätigkeit der Mehrheit, geradezu absurd wirkungslos.

Stell dir vor, du hörst eines Abends eine Durchsage im Radio: Am Abend des Folgetages werden alle Einwohner:innen deiner Stadt sterben, falls es euch nicht gelingt, alle Straßen der Stadt blitzblank zu reinigen. Du springst auf, schnappst dir einen Besen und stürzt hinaus auf die Straße. Zu deinem großen Erstaunen bist du dort mehr oder weniger allein. Aus den Fenstern der Wohnblöcke schimmert das bläuliche Licht der Fernsehapparate. Niemand außer dir zeigt sich.

Willst du dich ernstlich ganz allein mit deinem Besen an die Arbeit machen?

Und was, wenn du keinen Besen gefunden hast? Schnappst du dir dann deine Zahnbürste und behauptest, man müsse optimistisch bleiben?

Lächerlich!

Vielleicht wirst du versuchen, die Stromversorgung in deiner Straße und damit die Bildschirme der TV-Geräte lahmzulegen. Vielleicht wirst du mit einem Megafon zur Straßenreinigung aufrufen.

Doch vielleicht wird das einzige Resultat all deiner Bemühungen deine Festnahme durch die Sicherheitsbehörden sein.

5

Der Pestizid-prozess in Bozen

Plötzlich vor Gericht

Nach dem Erfolg meines Kinofilms in Deutschland, Österreich und der Schweiz fiel ich in ein tiefes Loch. Erreicht hatte ich in der Sache der Pestizidfreiheit trotz aller Erfolge im Kino und mit meinem Buch so gut wie nichts. Je mehr ich über unsere Lage nachdachte, umso weniger echte Lösungen konnte ich erkennen.

Wer aber nicht weiß, was er tun soll und wer gleichzeitig nichts offensichtlich Sinnloses tun will, der tut erst einmal gar nichts – und denkt weiterhin nach. Und das tat ich, gemeinsam mit meiner Frau Hanae.

Wie viel Zeit einem zum Nachdenken bleibt, hängt auch davon ab, wie viel Geld sich noch auf dem eigenen Bankkonto befindet. In unserem Fall war das sehr wenig.

Meine Frau und ich fassten daher den Beschluss, unseren gesamten, ohnehin spärlichen Besitz zu verkaufen und zu verschenken, um mit unseren Kindern und mit einem Koffer pro Kopf erneut umzuziehen. Unser neuer Wohnort sollte ein günstiges Leben ermöglichen, dabei aber auch, durch ein gutes und einfaches Leben, das Nachdenken fördern. Unsere Wahl fiel auf Andalusien im Süden Spaniens.

Aber auch dort neigten sich unsere spärlichen Reserven im Dezember 2019, nach nur neun Monaten, dem Ende zu. Wie schon so oft lebten wir wieder einmal von der Hand in den Mund, geplagt von ständigen Geldsorgen und unbezahlten Rechnungen.

Bei einem Spaziergang durch Frigiliana, einem für Spaniens Süden typischen weißen Dorf am Rand eines großen Naturparks, erreichte mich eines Tages ein Anruf aus München. Karl Bär meldete sich und teilte mir mit, dass er nun tatsächlich in Bozen vor

Gericht gestellt werden sollte, verbunden mit der Frage, ob mich das gleiche Schicksal ereilt hätte.

»Keine Ahnung«, sagte ich. »Ich habe bei unserem Wegzug aus Leipzig keinen Nachsendeantrag eingerichtet und bin sozusagen vom Radar der Bürokratie verschwunden.«

Für mich war zu diesem Zeitpunkt die Engstirnigkeit der Südtiroler Apfellobby bereits in weite Ferne gerückt. Ich verspürte wenig Lust, mich neuerlich mit diesem Albtraum zu beschäftigen.

Karl bat mich dennoch herauszufinden, ob die Staatsanwaltschaft in Bozen auch in meinem Fall Anklage erhoben hatte. Vor allem interessierte ihn der Grund dafür.

Und tatsächlich hatte mich die Staatsanwaltschaft in Bozen ebenfalls angeklagt. Da man mich nicht erreicht hatte, war in meinem Fall ein Pflichtverteidiger bestellt worden. Den rief ich nun an und gewann im Gespräch mit ihm rasch den Eindruck, dass ich mit diesem Verteidiger jedes Verfahren verlieren würde – sogar ein völlig unsinniges wie dieses. Mit Mühe gelang es mir schließlich, ihn dazu zu überreden, mir die Anklageschrift gegen mich per E-Mail zu senden.

Es dauerte einige Stunden, bis ich tatsächlich zu begreifen begann, was ich gerade erfahren hatte, so unwirklich erschien es mir im ersten Augenblick: Ich sollte tatsächlich in Bozen vor Gericht gestellt werden. Wegen nichts! Die 1.372 Strafanzeigen gegen mich würden nun tatsächlich zu einem Strafprozess führen. Meiner Fassungslosigkeit folgte bald Ärger. Ich sagte zu mir selbst: »Lass die in Bozen doch machen, was immer sie wollen. Sollen sie mich doch verurteilen oder nicht verurteilen. Ich werde kein einziges Wort dazu sagen und keinen einzigen Beitrag dazu leisten. Für mich ist diese ganze Angelegenheit einfach nur absurd.«

Als ich am Folgetag jedoch mit Karl Bär telefonierte, hatte ich mich schweren Herzens bereits dazu entschlossen, diesen Unsinn in mein Leben zu lassen. Ich würde mich zusammen mit Karl, dem Umweltinstitut München und dem oekom verlag diesem Gerichtsverfahren stellen. Ich würde eine neue Runde in diesem Kampf ausfechten, der mich eigentlich nicht mehr interessierte und der mir weitgehend verloren schien.

Das allerdings würde nicht nur sehr viel Zeit in Anspruch nehmen, sondern auch eine ganze Stange Geld kosten. Das wusste ich, weil ich für mein Buch und meinen Film alle Details des Gerichtsverfahrens gegen den Sprecher des Promotoren-Komitees in Mals recherchiert hatte. Damals war ich erschüttert gewesen über die Höhe der Kosten, die Johannes Fragner-Unterpertinger zu tragen gehabt hatte. Nichts davon hatte er jemals zurückbekommen, obwohl er in erster und zweiter Instanz freigesprochen worden war. Denn in Italien bekommt man, auch das hatte mich damals erstaunt, die Anwaltskosten auch dann nicht vom Gegner zurückerstattet, wenn man zu Unrecht vor Gericht gezerrt worden war.

Zum Glück war ich in Südtirol von vielen Menschen am Ende meiner Kino-Tour gefeiert worden. Auch die Bilder von meiner Verabschiedung in Mals waren mir noch lebhaft in Erinnerung. Ich war überzeugt davon, dass mein Ansehen dort nach wie vor hoch war, da ich mich so ausdauernd für meine ehemalige Wahlheimat eingesetzt hatte. Wenn ich das himmelschreiende Unrecht dieses Verfahrens gegen mich öffentlich machen würde, würden sich all jene, die damals applaudiert hatten, hinter mir versammeln, davon war ich überzeugt.

Ich nahm also ein kurzes Video auf und veröffentlichte es auf Facebook. Da es schon spät geworden war, sah man mich halb im Dunkeln sitzend, während ich mir meinen Frust von der Seele redete. Ich bezeichnete die letzte Wendung im Kampf der Apfelkonzerne gegen ihre Kritiker als wirklichen Skandal. Wie war es überhaupt möglich gewesen, dass die Polizei in dieser Causa zwei

Jahre lang ermittelt hatte? Dass die Staatsanwaltschaft auf der Basis von Ermittlungen zu Verbrechen, die es gar nicht gab, tatsächlich Anklage erhob und die Eröffnung eines Gerichtsverfahrens gegen uns beantragte? Wie war es überhaupt möglich, dass ich nun tatsächlich in einem Gerichtssaal erscheinen sollte? Das alles wertete ich als Indiz dafür, dass in Südtirol nicht nur in der Politik einiges schieflief, sondern auch in der Justiz.

Während die Ereignisse der letzten Tage mich lediglich erstaunt und verärgert hatten, war ich von den Auswirkungen dieses Videoaufrufs richtiggehend erschüttert. Es geschah nämlich – nichts. Mein Unterstützungsaufruf verhallte ohne erkennbare Wirkung.

Noch viel schlimmer: Einige »Freunde« nutzten die Kommentarfunktion unter meinem Aufruf, um sich mit fadenscheinigen Begründungen von mir zu distanzieren. Wenn ich nun die Justiz kritisieren würde, dann ginge ich entschieden zu weit. Man wolle mit mir und der Sache daher nichts mehr tun haben. Überhaupt sei es unverständlich, warum ich dieses Verfahren nicht einfach ganz entspannt über mich ergehen ließe. Wäre ich unschuldig, hätte ich schließlich nichts zu befürchten. Jegliches Misstrauen gegenüber der Südtiroler Justiz sei gänzlich unbegründet.

Da das Ziel meines Aufrufs auch darin bestanden hatte, um Spenden zur Deckung meiner Prozesskosten zu bitten, wandte ich mich als Nächstes direkt an einige ehemalige Mistreiterinnen oder Nutznießer meiner Kampagnen. Aber kein einziger war dazu bereit, sich an den Kosten meiner Verteidigung zu beteiligen.

Am Höhepunkt meiner Verzweiflung erklärte mir eine Protagonistin aus meinem Film und Buch am Telefon, ich könne mein Problem ganz leicht lösen, indem ich eine »Bestellung beim Universum« aufgäbe. Ich legte auf und ließ meinen Blick über das bleigraue, nächtliche Meer der südandalusischen Küste schweifen, das etwa 15 Kilometer von unserer Unterkunft entfernt lag.

Ich fühlte mich so verlassen wie noch niemals zuvor. Ich sah meine angeblichen Freunde wie in Zeitlupe in alle Himmelsrichtungen auseinanderlaufen. Demnächst würden manche von ihnen wahrscheinlich bestreiten, mich überhaupt jemals gekannt zu haben.

Wenigstens Südtirols Medien, so wurde anderntags klar, hatten auf meinen Aufruf reagiert. Sie überzogen mich jetzt mit Häme und Spott: »Jetzt winselt er um Hilfe wie ein geschlagener Hund, dem es an den Kragen geht.« Obwohl ich es nicht persönlich nahm, war es mir doch zutiefst zuwider, wie diese Medien niederste Instinkte bedienten, um ein paar Exemplare mehr zu verkaufen.

100 kleine Unterlassungen addierten sich in jenen Tagen zu einer großen gemeinsamen Tat. Die Last, die mich zu erdrücken drohte, wurde immer schwerer. Jeder einzelne trug nur eine Kleinigkeit dazu bei: sein persönliches Schweigen, seine persönliche Untätigkeit. Alle gemeinsam luden sie mir eine Last auf, die für mich kaum zu ertragen war.

Für meine Freundinnen und Freunde in Südtirol ging alles weiter wie bisher. Business as usual, sozusagen. Nur für mich, der ich am Pranger stand, brach geräuschlos eine Welt zusammen. Die sorglose Geschäftigkeit der anderen erschien aus meiner Perspektive plötzlich über die Maßen abstoßend.

Das positive Menschenbild, das ich bis dahin gehabt hatte, versank in einer Melange aus Teilnahmslosigkeit, Feigheit und Undank.

Die Serie von herben Enttäuschungen am Beginn dessen, was man später den »Südtiroler Pestizidprozess« nennen würde, stürzte mich im Januar und Februar 2020 in eine tiefe Krise, wie ich noch keine erlebt hatte. An manchen Tagen fühlte ich mich von schweren Gewichten nach unten gezogen. Ich lag dann im Bett und konnte nicht aufstehen. Ich fühlte eine brennende Verzweiflung, auf die ich keine Antwort fand.

Auslöser war keineswegs die Besorgnis um mich selbst oder die ungewissen Aussichten, denen ich entgegenging – obwohl mir vollkommen klar war, dass dieses Verfahren mich finanziell für immer und ewig ruinieren konnte.

Was mich wirklich und buchstäblich krank machte, war die mangelnde Unterstützung. Als es wirklich begann, ernst zu werden, hatte ich das Gefühl, vollkommen allein zu sein …

Die Arbeit an der Solidarität

Zum Glück gab es eine Institution bzw. eine Person, die sich hinter mich stellte. Der Verleger des oekom verlags Jacob Radloff positionierte sich ohne Wenn und Aber: »Wir lassen dich in diesem Prozess auf keinen Fall hängen, wir stehen hinter dir. Wir sind nicht reich, aber auf oekom und auf mich persönlich kannst du dich verlassen.«

Diese Zusicherung für den Notfall hatte für mich eine enorme Bedeutung. Sie leitete eine emotionale Trendwende ein und brachte meinen Kampfgeist zurück. Ich wollte nun einen zweiten Versuch starten, um meine Prozesskosten zu finanzieren. Diesmal nicht in Südtirol, sondern in Deutschland. In einer E-Mail wandte ich mich an alle Leser:innen meines Buchs und an alle Besucher:innen meines Films, über deren Kontakte ich verfügte. Darin schilderte ich meine Situation und bat sie um Unterstützung – allerdings nicht direkt um Spenden. Ich schlug stattdessen vor, dass sie ein zweites Buch von mir vorab bestellen und bezahlen sollten, das ich über meinen Prozess zu schreiben gedachte.

Ich hatte nämlich beschlossen, meine Strategie beizubehalten und das zu tun, was ich immer tat, wenn ich wegen meines Engagements angegriffen wurde. Ich wollte haarklein darüber berichten und für volle Transparenz sorgen. Dieser Angriff auf die Meinungsfreiheit und alle seine Folgen sollten im hellen Licht eines Scheinwerferkegels erscheinen, damit die Machenschaften der Südtiroler Obstlobby von möglichst vielen Menschen verfolgt und bewertet werden konnten, vor allem von meinem Publikum in Deutschland, Österreich und der Schweiz.

Der E-Mail-Aufruf an meine Fans im deutschsprachigen Raum funktionierte um ein Vielfaches besser als alles, was ich zuvor in Südtirol versucht hatte. Hunderte Buchbestellungen waren nicht nur Balsam für meine geschundene Seele. Ich verfügte nun auch über ein kleines Budget, um mich dem Gerichtsprozess in Südtirol zu stellen und um an dem versprochenen Buch zu arbeiten.

Als Erstes reiste ich von Andalusien nach Deutschland, um dort im direkten Gespräch mit den Mitarbeiter:innen des Umweltinstituts und des oekom verlags die weitere Vorgehensweise zu besprechen. Das Umweltinstitut war kurz zuvor in ein neues, größeres Büro übersiedelt. Als ich dort eintrat, beeindruckte mich nicht nur dessen Weitläufigkeit, sondern auch die Energie, mit der dort gearbeitet wurde. Zum ersten Mal begriff ich, wie viele Leute hier zusammenwirkten, um die Welt zum Positiven zu verändern.

In diesen Tagen zogen alle gemeinsam an einem Strang, um den Angriff aus Südtirol abzuwehren. Denn im Unterschied zu mir machte man sich im Umweltinstitut sehr wohl Sorgen wegen der möglichen Schadensersatzforderungen in Millionenhöhe. Denn damit hätte die jahrzehntelange Geschichte des Umweltinstituts München zu einem jähen Ende kommen können.

Alle waren daher mit vollem Einsatz bei der Sache. In jedem Raum, den ich betrat, stand ein anderer Teilaspekt im Fokus.

Im ersten Raum arbeiteten Menschen daran, verschiedene NGOs von Greenpeace bis zu kleinen Umweltvereinen über den

Gerichtsprozess und seine Ursachen zu informieren, damit sie eine Solidaritätserklärung unterschrieben und ein kleines Budget bereitstellten. Mit diesem Budget wollte das Umweltinstitut die Solidaritätserklärungen in ganzseitigen Inseraten in den großen italienischen Tageszeitungen veröffentlichen. (Am Ende haben über 100 NGOs diese Solidaritätserklärung unterschrieben.)

Einen Raum weiter bemühte sich jemand, Politikerinnen und Politiker als »Prozessbeobachter« zu gewinnen. Sie sollten aus dem Bayerischen Landtag, aber auch aus dem Deutschen Bundestag und dem Europäischen Parlament nach Bozen kommen.

Staunend ging ich eine Tür weiter, wo man sich das Ziel gesetzt hatte, eine Zusammenarbeit mit großen Petitionsplattformen zu vereinbaren. Nach dem Prozessbeginn würden Campact und We-Move eine Petition publizieren und Hunderttausende Menschen darüber informieren, die bereits ähnliche Petitionen unterschrieben hatten.

Im nächsten Raum wurde daran gearbeitet, auch die Medien ins Boot zu holen. Für die Pressearbeit in Italien hatte das Umweltinstitut eine Projektmitarbeiterin aus Südtirol eingestellt. Auch für die Medienarbeit in Deutschland hatte man sich Verstärkung ins Team geholt. Das Ziel bestand darin, exklusive Vereinbarungen mit den stärksten TV- und Printmedien zu treffen.

Eine Vereinbarung mit der Süddeutschen Zeitung war zu diesem Zeitpunkt bereits weitgehend unter Dach und Fach. Über ein Projekt mit dem reichweitenstärksten ZDF-Politmagazin frontal21 wurde noch diskutiert. Daher wurde ich gebeten, Platz zu nehmen und zusammen mit Karl und weiteren Mitarbeitern des Umweltinstituts an einer Videokonferenz mit den Verantwortlichen von frontal21 teilzunehmen.

Nach dem Call war ich richtig euphorisch. Als Karl mir einige Wochen zuvor vom Beitrag im ZDF erzählt hatte, hatte ich es noch nicht recht glauben können. Jetzt wurde mir klar, dass es stimmte: Mit frontal21 würden wir das gesamte politisch interessierte Deutschland erreichen.

Das Umweltinstitut würde sich den Südtiroler Angriff auf die Meinungsfreiheit unter keinen Umständen gefallen lassen. Es setzte alle zur Verfügung stehenden Hebel in Bewegung, um sich zu verteidigen.

Sun Zu schreibt in seinem berühmten Buch *Die Kunst des Krieges*: Wenn du dich verteidigen willst, dann tu es mit der Plötzlichkeit und Wucht eines großen Steins, der völlig unerwartet auf ein kleines Ei niedersaust. Vor meinen Augen wurde hier im Umweltinstitut ein richtig großer Stein in Stellung gebracht. Im geeigneten Augenblick würde er seine Wirkung nicht verfehlen.

Nach der Videokonferenz ging es für Karl und mich noch einen Raum weiter zum Fotoshooting. Die Mitarbeiter:innen des Umweltinstituts hatten ihren besten Fotografen aus Berlin anreisen lassen. Er wusste genau, welche Fotos wir für unsere Kampagne brauchten, und setzte Karl und mich perfekt in Szene.

Im vorletzten Raum ging es nicht mehr um die Mobilisierung der Öffentlichkeit, sondern um das Gerichtsverfahren selbst. Dort kümmerten sich Mitarbeiter:innen des Umweltinstituts darum, die perfekte Zeugenliste für unser Verfahren zusammenzustellen. Ein »Who is Who« jener Wissenschaftlerinnen und Experten aus dem deutschsprachigen Raum, die sich mit dem Thema kritisch auseinandergesetzt hatten. Sie sollten vor Gericht als Zeugen für uns auftreten und berichten, wie gefährlich chemisch-synthetische Pestizide tatsächlich für die Gesundheit und für die Umwelt sind. Sie sollten den Nachweis erbringen, wie berechtigt unsere Kritik gewesen war, und gleichzeitig für viel mediales Aufsehen sorgen.

Im letzten Raum fand schließlich eine Besprechung statt, bei der es um unsere Strategie für das Gerichtsverfahren ging.

Welche Optionen hatten wir? Wir hätten natürlich zurückweichen und uns entschuldigen können. Wir hätten einen außergerichtlichen Vergleich anstreben können. Wir hätten für die Zukunft Wohlverhalten geloben können. Doch das Umweltinstitut München wollte die genau entgegengesetzte Strategie wählen. Maximale Konfrontation, maximale Öffentlichkeit. »Ihr wollt es wissen? Ihr sollt es wissen!«, lautete das Motto und das war gut so.

Um diese Strategie perfekt umzusetzen, schlugen die Mitarbeiter:innen des Umweltinstituts vor, Star-Anwälte zu beauftragen, die zwar teuer sein würden, aber auch sehr gut. Nach einigen Erkundigungen und Empfehlungen von befreundeten NGOs wurde ein Anwaltsteam, bestehend aus Francesca Cancellaro (Bologna) und Nicola Canestrini (Rovereto), geformt.

Mir war klar, dass ich eine Menge Bücher vorab verkaufen musste, um meinen Anteil an den Kosten zu stemmen. Aber ich sah ein, dass es sinnvoll war, und schloss mich allen Plänen an.

Der Besuch im Umweltinstitut München war wie eine wunderbare Ausstellung, bei der man von Bild zu Bild geht und immer mehr zu staunen beginnt – mit dem einzigen Unterschied, dass ich hier eben von Raum zu Raum ging. Hätte ich einen Namen für diese Ausstellung auswählen müssen, hätte ich diesen hier gewählt: »Die Arbeit an der Solidarität«.

Zurück im Hotelzimmer beschlich mich am Abend ein seltsames Gefühl. Was mir hier widerfuhr, erinnerte mich an das »Tun ohne Dazutun« der Taoisten, bei dem doch nichts ungetan blieb. Ich stand im Zentrum eines Angriffs aus Südtirol und rund um mich entstand plötzlich wie von selbst eine mächtige Bewegung, die auch meiner Verteidigung dienen würde. Ich musste mich in dieser Phase nur zurücklehnen und das Umweltinstitut München arbeiten lassen, ganz so wie sie es von Anfang an von mir gewollt hatten.

Die Südtiroler Apfellobby hatte einen schweren Fehler begangen. Sie hätte mich von der Herde isolieren und einzeln angreifen sollen, dann hätten sie vielleicht siegen können. Doch mein Kopf allein genügte den Südtiroler Apfelkonzernen nicht. Auch Karl Bär musste abgestraft werden und dazu noch das Umweltinstitut München und der oekom verlag.

Unbedacht und ohne ausreichende Vorabrecherchen hatte sich die Südtiroler Apfellobby in ihrer Selbstüberschätzung mit Gegnern angelegt, die zwar nicht annähernd über die finanziellen Mittel des Landes Südtirol oder der Apfelkonzerne verfügten, aber ein riesiges Netzwerk von Menschen aktivieren konnten, das bei weitem mächtiger war als die Angreifer aus Südtirol.

Natürlich wusste ich nicht, wie diese Geschichte ausgehen würde. Aber an diesem Tag wurde mir klar, dass sich hier – zu meinem nicht geringen Erstaunen – zwei annähernd gleich starke Gegner gegenüberstanden. Diese Konfrontation würde Aufsehen erregen und die Karten, die wir in der Hand hielten, waren gar nicht so schlecht.

Zurück in Andalusien erfuhr ich, dass unsere Strategie uns bereits eine erste Joker-Karte in die Hände gespielt hatte. Unsere Anwälte hatten dem Gericht gegenüber argumentiert, dass wir unsere Kritik aus dem Jahre 2017 im Verfahren nur dann verteidigen könnten, wenn uns jene 1.372 Obstbauern, die uns angezeigt hatten, Einblick in die Aufzeichnung über ihren Pestizideinsatz aus diesem Jahr gewähren würden.

Dazu muss man wissen, dass die Bauern in Italien dazu verpflichtet sind, in sogenannten Spritzbüchern gewissenhaft Buch zu führen, welche Gifte sie wann, wo und in welcher Menge ausbringen. Bis dahin wurden diese Aufzeichnungen jedoch niemals der Öffentlichkeit zugänglich gemacht. Die Bauern wussten sehr genau, dass eine Veröffentlichung der tatsächlich eingesetzten Pestizidwirkstoffe und -mengen zu einem Aufschrei in der Bevölkerung geführt hätte. Mit Händen und Füßen verteidigten sie daher diese Intransparenz – bis zu diesem Zeitpunkt. Denn die Bauern wurden nun tatsächlich dazu gezwungen, die Spritzbücher und ihre Rechnungen für Pestizid-Einkäufe herauszurücken. Wir hatten plötzlich und ganz unverhofft einen wirklichen Trumpf in der Hand: Diese Daten würden der Pestizidwirtschaft in Südtirol und darüber hinaus die Maske vom Gesicht reißen.

Debatte oder Strafexpedition?

Im Frühsommer 2020 hatte ich mit meiner Familie Andalusien bereits wieder verlassen, um für zwei Monate in Lille in Nordfrankreich zu leben. Wir wohnten dort kostenlos in einem großen Haus, dessen Besitzer für zwei Monate auf Reisen waren, und betreuten in dieser Zeit deren Katzen. Dieses System nennt man »House-Sitting«. Es half uns dabei, unsere Mietkosten auf null zu reduzieren.

Während in München die Vorbereitungen für den Prozess auf Hochtouren liefen, suchte ich zur gleichen Zeit nach Wegen, um den Apfelbauern in Südtirol zu ersparen, was auf sie zukam.

Sicher, sie setzten gefährliche Technologien ein und kümmerten sich nicht um deren Nebenwirkungen, sondern nur um ihren eigenen Vorteil. Doch damit verhielten sie sich nicht anders als die meisten Menschen, auch in anderen Wirtschaftszweigen.

Und ja, um ihre Ziele durchzusetzen, schreckten sie auch nicht davor zurück, ihre Kritiker mundtot zu machen. Sie hielten es für richtig, ihre Kritiker:innen mit hohen Schadensersatzforderungen zu bedrohen oder im schlimmsten Fall sogar mit Freiheitsentzug. Aber auch das war kein Alleinstellungsmerkmal. Auch andere Industrien zerstörten für Konzerninteressen rücksichtslos die Welt ihrer Kinder und waren nicht zimperlich im Umgang mit ihren Kritiker:innen.

Doch würde es sehr viel bringen, wenn das Land Südtirol jetzt auf die harte Tour erfahren müsste, dass weder der Angriff auf die Biosphäre noch jener auf ihre Kritiker auf lange Sicht funktionieren konnte? Bereits einige Wochen zuvor hatte ich meinen guten Freund Paul Rösch, den Bürgermeister von Meran, angerufen und ihn darum gebeten, einen direkten Draht zum Landesrat Schuler in Bozen herzustellen. Ich wollte dem Landesrat ein Angebot unterbreiten, wie man diesen ganzen Wahnsinn unter Umständen noch abblasen könnte: ein Gesprächs- und ein Friedensangebot.

Nach meiner Kontaktaufnahme geschah jedoch erst einmal wochenlang nichts. Ich hatte die Sache schon fast wieder vergessen, als ich eines Tages in unserem kleinen Garten in Lille einen Anruf aus Südtirol erhielt. Der Landesrat selbst war am Apparat.

Ohne Umschweife unterbreitete ich ihm meinen Vorschlag. Wir beide sollten, da wir in Südtirol als die wesentlichen Pole dieses Konflikts wahrgenommen wurden, eine gemeinsame Pressekonferenz einberufen und eine gemeinsame Erklärung verlesen, die in etwa so klingen könnte:

- Wir beide seien zwar sehr unterschiedlicher Meinung in Bezug auf die Gefahren von Pestiziden für Mensch und Natur und daher auch in Bezug auf die Frage, ob das Gemeindegebiet von Mals zu einer ökologischen Modellregion werden sollte;
- wir seien aber gleichzeitig der Meinung, dass solche unterschiedlichen Meinungen und die daraus resultierenden Konflikte nur durch einen vernunftbasierten, öffentlichen Austausch von Argumenten aufgelöst werden könnten.
- Einen solchen Dialog vor Gericht zu führen oder gar das Justizsystem als Strafinstanz für Menschen mit abweichenden Mei-

nungen einzusetzen, erscheine uns beiden als wenig sinnvoll, weshalb wir die Debatte zwar in der notwendigen Härte fortsetzen würden, aber eben außerhalb des Gerichtssaals.

Landesrat Schuler stimmte meinem Vorschlag im Wesentlichen zu. Er bat mich, meinen Teil einer gemeinsamen Presseerklärung vorzubereiten. Als ich ihm diese übermittelt hatte, änderte er jedoch seine Meinung. Er ließ mich wissen, dass es keinen Weg aus diesem Konflikt geben könne, solange ich mich nicht öffentlich bei den Bauern entschuldigte.

Ich könnte mich nur dann entschuldigen, antwortete ich, wenn ich zuvor eine Schuld auf mich geladen hätte. Da ich mir aber keiner Schuld bewusst war, könnte ich das aus Prinzip nicht tun. Ich würde mich nicht für etwas entschuldigen, das ich gar nicht getan hatte.

Er persönlich verstehe das sehr gut, antwortete Schuler. Aber es gehe jetzt nicht um ihn, sondern darum, dass die Stimmung in der Bauernschaft nun einmal aufgeheizt sei. Wenn er sich zurückziehen und den Strafprozess abblasen wolle, müsse er den Bauern irgendetwas liefern. Ohne Entschuldigung ginge es nicht.

»Na gut«, sagte ich, »dann halt nicht«.

Am liebsten hätte ich ihn gewarnt. Aber ich konnte ihm nicht ankündigen, welch bedrohlichen Stein man getreu den Lehren des Sun Zu im Umweltinstitut München für ihn und die Südtiroler Obstwirtschaft vorbereitet hatte. Wir hätten dadurch das Überraschungsmoment verloren. Außerdem hätte der Landesrat mir ohnehin nicht geglaubt.

Mittlerweile war ich mir nämlich sicher, dass dieser vor Gericht ausgetragene Konflikt nicht nur mir Schaden zufügen würde, in Form von Kosten, Zeiteinsatz und Sorgen. Er würde auch für den Landesrat, die Obstwirtschaft und das Land Südtirol sehr schädlich sein.

Aber offensichtlich musste das Spektakel stattfinden, ohne Rücksicht auf Verluste.

Ein Feuerwerk zünden

Eigentlich handelte es sich beim »Südtiroler Pestizidprozess« nicht um ein einzelnes Gerichtsverfahren, sondern um fünf verschiedene Prozesse, die im Herbst 2020 in Bozen beginnen sollten:

- Ein Prozess gegen mich wegen Diffamierung der Südtiroler Obstwirtschaft in einer Passage meines Buches *Das Wunder von Mals*.
- Ein Prozess gegen Karl Bär wegen Diffamierung der Südtiroler Obstwirtschaft auf der Website pestizidtirol.info.
- Ein weiterer Prozess gegen Karl Bär wegen Markenfälschung im Zusammenhang mit dem Pestizidtirol-Logo.
- Ein Prozess gegen Jacob Radloff, den Eigentümer des oekom verlages, wegen Veröffentlichung des Buches.
- Ein Prozess gegen die ehemaligen und aktuellen Vorstände des Umweltinstituts München wegen der Durchführung der Pestizidtirol-Kampagne.

Die Staatsanwaltschaft in Bozen hatte vorab bereits die Einstellung (im Fachjargon »Archivierung«) der Verfahren gegen Jacob Radloff und gegen die Vorstände des Umweltinstituts München gefordert. Sie war jedoch vorläufig gescheitert, weil die Obstwirtschaft dagegen Einspruch erhoben hatte.

Eine Woche vor Beginn des ersten Verfahrens gegen Karl Bär hatte das Umweltinstitut München eine Pressekonferenz in Bozen anberaumt. Für diese Pressekonferenz hatte das Umweltinstitut keinen Aufwand gescheut. Sie wurde per Videostream live nach Deutschland übertragen. Es gab auch eine Simultanübersetzung ins Italienische und einen Livestream für italienische Medienvertreter:innen. Auch ich reiste dafür aus Frankreich an. (Mittlerweile lebte ich mit meiner Familie in der Wohnung von Freunden in Avignon.)

Am Podium saßen neben mir:

- Johannes Fragner-Unterpertinger, der Kopf des Promotoren-Komitees der Volksbefragung in Mals
- Ulrich Veith, der ehemalige Bürgermeister von Mals
- Karl Bär, Agrarreferent des Umweltinstituts München
- Jacob Radloff, der Verleger meines Buches
- Nicola Canestrini, unser Anwalt

Ulrich Veith und Johannes Fragner-Unterpertinger waren aus Mals gekommen, das immerhin rund zwei Autostunden entfernt liegt, um als erste Opfer der prozesswütigen Südtiroler Obstwirtschaft an unserer Seite zu erscheinen. In meiner Wortmeldung auf dem Podium erklärte ich:

> In einem Kapitel meines Buches *Das Wunder von Mals* wundere ich mich darüber, dass die Gefahren, die von Pestiziden ausgehen, in Südtirol nicht stärker wahrgenommen werden. An dieser Stelle schreibe ich: »Die einzigen, die sich laut zu Wort melden sind die Obstbauern, denn die sagen, man fühlt sich ja schon wie ein Mörder.« In Südtirol geht seitdem die Mär um, dass ich geschrieben hätte, die Südtiroler Obstbauern seien Mörder. Nur stimmt das nicht.
>
> Was stimmt ist, dass ich an dieser Stelle des Buches Überlegungen anstelle, was das tatsächliche Delikt der Obstbauern sein könnte. Ich schlage schließlich ein neues

Delikt vor, das noch in keinem Strafgesetzbuch steht: »Tötung durch vorsätzliches Ignorieren von Gefahren.«

Und in gewisser Weise bin ich stolz darauf, dass ich wegen genau diesem Satz hier vor Gericht gestellt werden soll. Denn dieser Satz spricht eine wichtige Wahrheit an. Wir alle, egal ob als Produzenten oder Konsumenten, sehen in unseren verschiedenen Rollen oft über die Probleme hinweg, die wir verursachen. Wir zucken mit den Achseln und sagen, das haben wir immer schon so gemacht. Wir wollen uns nicht mit diesen Problemen beschäftigen. Wir wollen nicht umdenken müssen. Das alles scheint uns viel zu anstrengend. Wir haben genügend andere Sorgen.

Dennoch bin ich überzeugt davon, dass die Mehrheit der Südtiroler hinter dem Anliegen der Pestizidfreiheit steht. Diese schweigende Mehrheit sieht jedoch auch, was für ein grausiges Spektakel veranstaltet wird, wenn jemand das offen ausspricht. Ich fordere daher die Menschen in Südtirol auf, das Verfahren hier sehr ernst zu nehmen und sich solidarisch zu zeigen. Dann können wir gemeinsam in einen Dialog eintreten, der die Praktiken der Obstbauern in eine ökologischere Richtung lenkt und der vor allem eines erreichen wird: Das Leuchtturm-Projekt in Mals wird nicht mehr länger behindert werden.

Das Medienecho in Südtirols Print-Medien war, wie bei der dortigen Medienlandschaft nicht anders zu erwarten gewesen war, ziemlich bescheiden. Die größte Südtiroler Tageszeitung Dolomiten schickte keinen Journalisten zu der Veranstaltung. ORF und RAI berichteten nur kurz und pflichtschuldig.

Die Wirkung außerhalb von Südtirol fiel dagegen umso stärker aus. In den Tagen nach der Pressekonferenz standen Karl und ich für Beiträge des Bayerischen Rundfunks und des ZDF zur Verfügung. Wir liefen kreuz und quer durch Bozen, von einem Interview zum anderen.

Jetzt erst wurde den Vertretern der Südtiroler Apfelwirtschaft und der Politik in Südtirol klar, was für eine Maschinerie sich hier in Gang gesetzt hatte. Deshalb nahm Landesrat Schuler jetzt den Gesprächsfaden mit mir wieder auf. Er schlug ein Zusammentreffen vor, solange wir noch in Südtirol seien. Anderntags setzten wir uns daher im Garten des Hotel Laurin in Bozens Innenstadt mit ihm und seinem Team zusammen.

Seit 2017 hatte uns die Südtiroler Apfelwirtschaft unerbittlich verfolgt. Nun, da ihr eine steife Brise ins Gesicht wehte, waren ihre Vertreter plötzlich der Meinung, dass es besser wäre, alle Gerichtsverfahren abzublasen. Und noch mehr als das: Sie wollten die Streitbeilegung unbedingt noch in derselben Woche erzielen, bevor Schuler am Dienstag der Folgewoche zum ZDF-Interview antreten musste. Ihr Vorschlag: Wir sollten alle unsere Aktivitäten einstellen, dann würden sie im Gegenzug alle Anzeigen zurückziehen und die Sache wäre beendet.

Das war zwar so nicht ganz richtig, aber das spielte im Augenblick keine große Rolle. Genau genommen wären nämlich alle Verfahren bis auf eines beendet: das Markenrechtsverfahren gegen Karl Bär. Bei diesem angeblichen Verstoß gegen das Markenrecht handelte es sich um ein sogenanntes Offizialdelikt, das auch dann vor Gericht weiter behandelt würde, wenn sich niemand geschädigt fühlte. Anders bei den Strafverfahren wegen Diffamierung. Diese enden tatsächlich, wenn es keine Anzeigen und keine Kläger mehr gibt, falls auch die Beklagten einem Verfahrensende zustimmen.

Wir fragten Arnold Schuler, wie lange es dauern würde, bis alle 1.372 Strafanzeigen zurückgezogen und damit alle Diffamierungsprozesse vom Tisch wären. Wie lange würde die Südtiroler Apfellobby benötigen, um die Hunde, die sie von der Leine gelassen hatte, wieder zurückzupfeifen und die Geister, die sie gerufen hatte, zurück in die Flasche zu befördern?

Der Landesrat sprach von zwei bis drei Tagen. Fein, gaben wir zur Antwort, wir würden selbstverständlich alle unsere Aktivitäten einstellen, sobald wir eine Bestätigung dieser Rücknahme der Anzeigen schwarz auf weiß vor uns hätten.

Am Ende dieses Treffens sagte ich zum Landesrat: »Der Hauptunterschied zwischen uns besteht darin, dass ihr über die nächsten zehn Monate nachdenkt, während wir über die nächsten zehn Jahre nachdenken.«

Darauf erwiderte er: »Wir werden nicht fürs Träumen bezahlt.«

»Das jedoch«, antwortete ich, »ist ein großer Fehler.«

Politiker:innen sollten tatsächlich dafür bezahlt werden, Visionen für ein besseres Miteinander zu entwickeln und umzusetzen. Ihre Aufgabe darf nicht darin bestehen, lediglich den Status quo zu verwalten.

Als wir schließlich auseinandergingen, erzählte ich dem Landesrat davon, dass einer meiner Freunde mir erzählt hätte, dass er, Schuler, sehr gerne Witze erzählte und anhörte. Das zumindest hätten wir gemeinsam, sagte ich. Daraufhin schlug er vor, wir könnten uns ja zu einem Witzeabend treffen, wenn das alles hier vorüber sein würde. Mir gefiel diese Idee.

In den nächsten Tagen zündete das Umweltinstitut München ein wahres Feuerwerk der Öffentlichkeitsarbeit. Kurz nach der Pressekonferenz in Bozen erschienen die ganzseitigen Inserate in La Repubblica und La Stampa, den führenden Tageszeitungen Italiens. Über 100 Organisationen aus 18 Ländern gaben darin eine Solidaritätserklärung für uns ab: »Kritik an Missständen offen und angstfrei äußern zu können – auch in zugespitzter Form – ist ein elementarer Bestandteil jeder funktionierenden Demokratie. Deshalb blicken wir mit großer Sorge auf die Entwicklung in Südtirol«.

Als Karl und ich schließlich spätabends aus Bozen Richtung Norden abreisten, reichte er mir im Zug sein Mobiltelefon. Die Unterschriftenkampagne von Campact hatte gerade begonnen. »Schon über 3.000 Unterschriften«, sagte er. Als ich die Seite der Kampagne wenige Augenblicke später auf meinem eigenen Handy aufrief, waren es bereits über 4.000 Menschen, die den Aufruf von Campact unterschrieben hatten.

Es war das erste Mal, dass ich so etwas miterleben durfte. Bis zu unserer Ankunft in Innsbruck konnte ich nichts anderes mehr tun, als auf den Bildschirm zu starren. Dort verließen wir den Zug, als die Zahl der Unterschriften bereits auf 11.000 emporgeklettert war.

Nur wenige Tage später waren es über 100.000 Unterschriften. Am Ende hatten 253.000 Unterstützer den Appell für uns und für die Redefreiheit unterzeichnet.

Während das Umweltinstitut München immer neue Phasen seines Feuerwerks zündete, drängte die Südtiroler Obstwirtschaft in den folgenden Tagen immer dringlicher auf ein Ende unserer Kampagnen. Irgendwann meldete sich auch der Landeshauptmann von Südtirol zu Wort und klagte voller Selbstmitleid, dass Umweltaktivist:innen sich gerne als David darstellten und der Machtkomplex aus Wirtschaft und Politik als Goliath bezeichnet würde. Dabei, so der Landeshauptmann, sei es genau umgekehrt. Das Land Südtirol sei der kleine David. Schiebel, Bär und das Umweltinstitut München seien in Wahrheit die Großen.

Mein Mitleid hielt sich in Grenzen. Nicht wir hatten schließlich diesen Gerichtsprozess begonnen, sondern das Land Südtirol. Dennoch war ich fasziniert von dieser späten Erkenntnis des Landeshauptmanns. Nach wie vor verfügten unsere Gegner über ein

Vielfaches unserer finanziellen Ressourcen. Doch hinter uns stand die Zivilbevölkerung in Deutschland, Österreich und der Schweiz, die sich über die Art empörte, wie in Südtirol Rechte mit Füßen getreten wurden.

Tatsächlich war es so, wie der Landeshauptmann gesagt hatte: Als das Apfelland Südtirol den Konflikt begann, hatte man erwartet, einige Zwerge zu zertreten. Jetzt aber sah man sich plötzlich einem wutentbrannten Riesen gegenüberstehen.

In mehreren Videokonferenzen verhandelten wir nun mit der Südtiroler Obstwirtschaft. Am Ende ging es nur noch um einen Punkt: um die Reihenfolge der Schritte, durch die das Ende der Verfahren herbeigeführt werden sollte.

Die Südtiroler Apfelwirtschaft bestand darauf, dass wir alle unsere Kampagnen sofort einstellen sollten, um in einer gemeinsamen Presseerklärung die Beilegung des Konflikts zu verkünden, bevor der Landesrat Schuler in frontal21 auftreten müsste. Drei Tage vor Schulers Interview-Termin, es war ein Samstag gegen Mitternacht, stimmten wir schließlich zu. Karl Bär und ich wollten so sehr, dass der Zirkus endlich aufhören sollte, dass wir sogar bereit waren, den Zusicherungen jener zu vertrauen, die bisher mit allen Mitteln auf uns eingedroschen hatten.

Am Sonntag früh jedoch – und nach Rücksprache mit unseren Anwälten – zogen wir diese Zustimmung zurück. Im taghellen Licht der Vernunft konnte sie keinen Bestand haben. Es gab nur eine mögliche Reihenfolge: zuerst Einstellung der Verfahren, danach die Einstellung unserer Kampagnen.

Als am Sonntagabend allmählich klar wurde, dass es so kurzfristig wie von der Obstwirtschaft gewünscht zu keiner Einigung kommen würde, schrieb mir der Landesrat beinahe verzweifelt, wir wären doch schon so nahe dran an einer Lösung. Er hätte bereits begonnen, sich auf unseren Witzeabend zu freuen.

Auch wir waren nicht besonders erfreut über das Scheitern dieses zweiten Versuch zur Einstellung der Gerichtsverfahren. Wir würden uns nun womöglich mehrere Jahre lang mit Gerichtsprozessen herumschlagen müssen, immer in der Ungewissheit, ob die Justiz in Italien am Ende Recht sprechen würde oder ob nicht doch noch Schadensersatzforderungen in Millionenhöhe auf uns zukamen.

Die Überraschung folgte am Tag des geplanten Interviews des Landesrats. Die Pressestelle des Landes Südtirol versandte eine Aussendung an die Medien und kündigte an, dass die Obstwirtschaft in Südtirol alle Anzeigen gegen uns zurückziehen würde – ohne weitere Bedingungen. Der Prozess sei somit beendet.

Wir waren sprachlos, aber gleichzeitig hocherfreut. War das wirklich möglich? Ungläubig rieben wir uns die Augen, während wir weiterlasen. Man habe versucht, sich mit uns zu einigen, stand da, das allerdings sei nicht möglich gewesen. Daher rufe man nun einseitig das Ende des Konflikts aus. (Dass es diesen Konflikt nur gab, weil ihn die Obstwirtschaft vom Zaun gebrochen hatte, vergaß man zu erwähnen.) Man warf sich in die Pose des Vernünftigen. Des Klügeren, der nachgibt. Uns störte es nicht, solange nur diese unseligen Prozesse zu Ende waren.

Mit dieser Nachricht trat der Landesrat am Nachmittag desselben Tages vor die Kameras des deutschen Fernsehens. Und so ging die Geschichte auch auf Sendung. Prozess beendet – Happy End.

Keine deutsche Journalistin konnte vorhersehen, was am nächsten Tag geschehen würde. Kein Journalist in Deutschland hielt für möglich, dass ein offizieller Vertreter der Landesregierung in Südtirol, der Presse und der Öffentlichkeit derart ungeniert Sand in die Augen streuen würde. Denn nicht einmal 24 Stunden nach dem Statement des Landesrats im deutschen Fernsehen wurde im Bozener Landesgericht das erste von fünf Verfahren eröffnet. Ganz so, als ob nie etwas geschehen wäre, als hätte es die Ankündigungen vom Vortag nie gegeben. Keine einzige Strafanzeige war zurückgezogen worden.

Und nicht nur das: Die Anwälte der Obstwirtschaft erschienen am selben Tag im Gerichtssaal und ließen sich in den Prozess als Nebenkläger ein. Man musste tatsächlich zweimal hinsehen, um das zu begreifen.

Diffamierung ist ein Straftatbestand. Der Ankläger im Prozess war daher der Staat Italien, vertreten durch den Staatsanwalt. Die Anwälte der Obstwirtschaft hatten nun aber vor Gericht bekundet, dass sie sich dem Staatsanwalt anschließen und als zusätzliche Kläger in diesem Prozess auftreten wollten. Als Nebenkläger könnten sie Einfluss auf den Prozess nehmen, Beweismittel und Ähnliches verlangen und am Ende, falls wir verurteilt würden, Schadensersatzforderungen stellen.

So also sah der Rückzug der Südtiroler Obstwirtschaft aus diesen Gerichtsprozessen tatsächlich aus. Man hatte einfach eine Menge Sand in die Medienmaschinerie der deutschsprachigen Nachbarn geworfen – und das mit Erfolg. Dort dachten aufmerksame Beobachter:innen nun tatsächlich, die Sache in Südtirol sei gut ausgegangen. Dabei sah die Realität vor Ort ganz anders aus.

Den Südtiroler Medien war das freilich einerlei: Wenn am einen Tag etwas behauptet wurde und am nächsten Tag das glatte Gegenteil davon passierte, war das nicht weiter schlimm, speziell wenn es sich dabei um eine Strafexpedition gegen ausländische »Aufwiegler« handelte.

Der Rückzug vom Rückzug vom Rückzug

Beim Prozessauftakt in Bozen teilten die Anwälte der Obstwirtschaft dem Richter immerhin mit, dass sie nach wie vor den Plan verfolgten, alle Strafanzeigen zurückzuziehen. Der Richter gab ihnen dazu einige Wochen Zeit und setzte einen Termin für den nächsten Prozesstag an.

Uns verwirrte dieses Hin und Her. Wir fragten daher nach dem Prozessauftakt bei den Anwälten der Obstwirtschaft an, wie sie sich das weitere Vorgehen nun eigentlich vorstellten: »Ihr habt doch gesagt, dass ihr euch aus diesem Prozess zurückzieht, damit er endet. Nun hat er erstens begonnen und zweitens hat sich niemand zurückgezogen. Gleichzeitig habt ihr einmal mehr ›angekündigt‹, alle Anzeigen zurückzuziehen. Was wollt ihr eigentlich?«

»Keine Sorge«, sagten sie, »wir wollen den Prozess immer noch beenden und uns aus diesen Verfahren zurückziehen. Allerdings müssen wir noch die Bedingungen aushandeln.«

»Die Bedingungen?!« Wir trauten unseren Ohren nicht. »Gegenüber den deutschsprachigen Medien klang das vor Kurzem noch ganz anders.«

»Mag sein«, sagten sie, »aber eine Bedingung gibt es: Wir wollen, dass ihr uns die Spritzbücher zurückgebt.«

Es ging der Obstwirtschaft nun nur mehr um die Spritzbücher, die im Lauf des Prozesses in unsere Hände gelangt waren. Wir sollten die darin enthaltenen Daten nicht auswerten, mit der Wissenschaft oder gar mit der Öffentlichkeit teilen können. Niemand durfte etwas darüber erfahren, was in diesen Spritzbüchern stand, welche Gifte tatsächlich in den Apfelanlagen Südtirols eingesetzt wurden.

Unsere Antwort darauf kam schnell und eindeutig: »Das machen wir auf keinen Fall.«

Dieses Anliegen sei für uns geradezu absurd. Wir wären im Gegenteil froh darüber, dass es nun wenigstens für das Jahr 2017, aus dem die beschlagnahmten Spritzbücher stammten, Transparenz geben werde. Eine Transparenz, auf die die Bevölkerung in Wahrheit ein Anrecht hätte, wenn Bauern in deren Nachbarschaft großflächig Gifte ausbrachten. Wir gaben zu Protokoll, dass wir die Daten aus den Spritzbüchern selbstverständlich mit der Wissenschaft, mit den Medien und mit der Öffentlichkeit teilen würden. Wir hielten diese Art von Aufklärung für unsere eigentliche Aufgabe. Wir stünden eben deshalb in Bozen vor Gericht, weil wir für das Recht der Bevölkerung auf genau diese Informationen gekämpft hatten.

Es gab übrigens noch einen weiteren Grund dafür, dass unsere Antwort so schroff ausfiel. Wir waren davon überzeugt, dass ein »Rücktritt vom Rücktritt« aus diesem Prozess auch den Menschen in Südtirol schwer verständlich zu machen sein würde. Zuerst verkündete die Obstwirtschaft vollmundig das Ende des Pestizidprozesses – und danach sollte alles wieder ganz anders sein?

Doch wir wurden ein weiteres Mal überrascht. Die Obstwirtschaft versandte tatsächlich eine weitere Presseerklärung, in der man bekannt gab, dass der Pestizidprozess nun doch wie geplant stattfinden werde. Dafür brachte man fadenscheinigen Begründungen vor. Zum Beispiel sei man nicht einverstanden mit dem Tonfall, den Alexander Schiebel in den letzten Tagen in den Sozialen Medien angeschlagen habe.

Abgesehen davon, dass ich ganz genau wusste, dass es in unseren Gesprächen niemals darum gegangen war, war diese Begründung einigermaßen verrückt: Sie wollten mich im Gerichtssaal sehen, weil ihnen mein Tonfall nicht gefiel?

Doch hätten sie in ihrer Presseerklärung die Wahrheit geschrieben, dann wäre erschreckend klar geworden, worum es eigentlich ging: Der einzige Grund, warum diese Strafexpedition noch weiterlief, waren die Spritzbücher. Die Obstwirtschaft hätte zugeben müssen, dass sie deren Veröffentlichung mit allen Mitteln verhindern wollte.

Die Achterbahnfahrt setzte sich also fort. Natürlich waren wir enttäuscht darüber, dass der Prozess weitergehen würde. Das Umweltinstitut München hätte aufgeatmet, wenn die Gefahr hoher Schadensersatzforderungen endlich vom Tisch gewesen wäre. Auch Karl Bär machte sich darüber Sorgen. Mich selbst bedrückten weniger die möglichen, zukünftigen Resultate dieses Willkürprozesses, sondern die hohen Kosten und der hohe Zeiteinsatz, den er bereits in der Gegenwart verursachte.

Ich hatte das Gefühl, dass wir genug verhandelt hatten. Die Apfelwirtschaft hatte ihre Chance gehabt. Vielleicht dachten die Funktionäre der Apfelkonzerne und ihr Landesrat, dass es genügte, die heiße Phase der Kampagnen des Umweltinstituts auszusitzen. Irgendwann würde das Interesse der Öffentlichkeit wieder abnehmen – speziell dann, wenn sie einen Haken nach dem anderen schlugen und die Geschichte so kompliziert machten, dass niemand ihr mehr folgen könnte. Vor diesem Hintergrund beschloss ich, den Druck so gut ich konnte zu erhöhen.

Neben Petitionsplattformen wie zum Beispiel Campact, die ihre Themen selbst auswählen, um sie ihrem Publikum zu präsentieren, gibt es auch Plattformen, bei denen jeder selbständig eine Petition veröffentlichen kann, wie zum Beispiel Change.org. Dort wollte ich nun eine eigene Petition zur Beendigung des Südtiroler Pestizidprozesses starten. Eine solche Petition hätte für unsere Sache auch schädlich sein können, wenn nur eine Handvoll Leute unterschrieben hätte. Das wäre ein Indiz dafür gewesen, dass das öffentliche Interesse an unserem Prozess bereits nachgelassen hätte.

Wie viele Menschen würde ich allein mobilisieren können? Natürlich hoffte ich auf ein machtvolles Zeichen, aber ich wusste, dass es schwer genug sein würde, auch nur tausend Unterschriften zusammenzubekommen. Dennoch entschloss ich mich, meinen Plan umzusetzen.

Über alle mir zur Verfügung stehenden Kanäle bat ich um Unterstützung. Von Anfang an war ich auch mit einem Betreuer von Change.org im Gespräch, der mir versicherte, dass die Plattform vielversprechenden Kampagnen mit einer eigenen Aussendung unter die Arme greifen würde.

In den ersten Tagen setzten tatsächlich mehr als tausend Menschen ihre Unterschrift unter meine Forderung. In der Folge machte Change.org alle, die auf ihrer Plattform bereits für ähnliche Anliegen aktiv geworden waren, auf meine Petition aufmerksam.

Kurze Zeit später hatten bereits mehr als 50.000 Menschen meinen Aufruf unterzeichnet. Ich atmete auf. Letzten Endes wurde meine Petition mit dem Titel »Beendet den Angriff auf die Meinungsfreiheit! Beendet den Pestizidprozess!« 13.535-mal geteilt und von 127.245 Menschen unterschrieben.

Etwa zeitgleich eilten auch unsere Anwälte vor Gericht von Erfolg zu Erfolg. Zum ersten dieser Erfolge kam es auf eher skurrile Art und Weise.

Nicht alle Bauern hatten ihre Spritzmittel-Rechnungen ordnungsgemäß abgeliefert. Als eines Tages die Polizei auf dem Hof eines der säumigen Bauern auftauchte, um diese Rechnungen zu beschlagnahmen, versuchte dieser, den Polizisten den Zutritt zu verwehren, was ihm allerdings nichts half. Die Bauernschaft schäumte vor Wut. Man bezweifelte die Rechtmäßigkeit der Beschlagnahmung. Bei einer kurzfristig anberaumten Dringlichkeitssitzung bekräftigte das Gericht jedoch, dass die Spritzmittel-Rechnungen abzugeben seien. Ende der Diskussion und Erfolg Nummer eins.

An den nächsten Verhandlungstagen entschied das Gericht in Bozen darüber, ob die Verfahren gegen meinen Verleger Jacob Radloff und die Vorstände des Umweltinstituts München wie von der Staatsanwaltschaft gefordert eingestellt werden sollten. Die Anwälte der Obstbauern forderten weiter, dass ihnen der Prozess gemacht werden müsse. Doch das Gericht gab unseren Anwälten und der Staatsanwaltschaft Recht und stellte diese beiden Verfahren ein. Erfolge Nummer zwei und drei.

Jacob Radloff war erfreut darüber, sich nicht mehr mit der Südtiroler Obstwirtschaft herumschlagen zu müssen. Und auch die aktuellen und ehemaligen Vorstände des Umweltinstituts waren erleichtert. Besonders erleichtert war Harald Nestler, zu dieser Zeit Ehrenvorstand des Umweltinstituts. Mehr als 30 Jahre lang hatte er als Mitbegründer, Geschäftsführer und Vorstand das Umweltinstitut geleitet und unermüdlich für seine Ideale gekämpft.

Ein Jahr zuvor hatte er sich aufgrund einer schweren Krankheit aus der Geschäftsführung zurückgezogen. Ungefähr zum selben Zeitpunkt wurde er, zum ersten Mal in seinem Leben, in einen Strafprozess verwickelt. Dieser Strafprozess hatte sein letztes Lebensjahr wie ein dunkler Schatten überlagert. Aus langen Gesprächen mit ihm wusste ich, wie sehr ihm dieser Missbrauch der Justiz in Südtirol zugesetzt hatte. Wenige Monate nach der Einstellung seines Strafprozesses starb Harald Nestler am 1. Januar 2021.

Seine Nachfolger in der Geschäftsleitung des Umweltinstitutes München unternahmen einen letzten Anlauf, die verbleibenden Verfahren gegen die Hauptangeklagten Schiebel und Bär doch noch vorzeitig zu beenden. Vielleicht war durch unseren kontinuierlichen Druck und unsere Erfolgsserie vor Gericht auch in Südtirol mittlerweile die Erkenntnis gereift, dass diese Verfahren nicht nur uns schädigten, sondern auch die Obstbauern selbst. Dass wir die sogenannten Spritzbücher auswerten würden, war zwar in Stein gemeißelt, aber wir könnten, so das Angebot des Umweltinstituts, unsere Auswertung in den Wochen vor der Veröffentlichung der Südtiroler Obstwirtschaft zukommen lassen. Sie würden dann wissen, was auf sie zukäme, und hätten Zeit, sich darauf vorzubereiten.

Eigentlich war ich absolut davon überzeugt, dass die Kläger dieses Angebot niemals annehmen würden. Erstens war unser Zugeständnis minimal. Und zweitens konnte ich mir nicht vorstellen, dass die Obstwirtschaft nach ihrem »Rücktritt vom Rücktritt« als Nächstes einen »Rücktritt vom Rücktritt vom Rücktritt« probieren könnte. Damit würde sie sich endgültig zur Lachnummer machen. (Ein Lachen freilich, das einem im Hals stecken bliebe bei dem Gedanken, wie viel Schaden sie bereits angerichtet hatte.)

Es zeigte sich jedoch noch einmal, dass die einzige wirkliche Konstante in diesem Prozess meine wiederholten Fehleinschätzungen der Südtiroler Apfelwirtschaft waren. Die nahm nämlich das Angebot des Umweltinstituts an und erklärte dem Gericht am folgenden Prozesstag, dass eine Einigung erzielt worden sei und man nun noch einmal einige Wochen benötige, um die angekündigte Rücknahme der Anzeigen tatsächlich durchzuführen.

Das Gericht setzte der Apfelwirtschaft abermals eine Frist, diesmal bis zum Januar 2021, bis zu jenem Gerichtstermin also, an dem endlich auch das Verfahren gegen mich selbst beginnen und das Verfahren gegen Karl Bär fortgesetzt werden sollte. (Bisher war immer nur gegen Karl Bär verhandelt worden.)

Bis zum Januar 2021 sollte nun die Rücknahme der 1.372 Strafanzeigen erfolgen, wie die Anwälte der Obstwirtschaft es versprochen hatten. Mit unserer Zustimmung wären die Strafprozesse wegen Diffamierung gegen Karl Bär und gegen mich dann beendet.

Übrig bliebe nur noch der Prozess wegen Markenfälschung gegen Karl Bär, da es dabei um ein sogenanntes Offizialdelikt ging.

Wir blickten also mit angespannter Hoffnung jenem Gerichtstermin Anfang 2021 entgegen, waren uns aber nicht ganz sicher, ob die Rücknahme der Anzeigen diesmal klappen würde.

Im Namen des italienischen Volkes

In den nächsten Wochen versuchte die Südtiroler Apfelwirtschaft von allen 1.372 Obstbauern, die uns angezeigt hatten, Vollmachten für die Rücknahme ihrer Anzeigen zu erhalten. Erschwert wurde dieses Unternehmen durch die strengen Bestimmungen während der COVID-19-Pandemie. Ich hoffte darauf, dass die Anwälte der Apfelwirtschaft ihr Ziel erreichen würden, doch ich war skeptisch. Einige Obstbauern würden bestimmt nicht mitspielen.

Kurz vor dem Beginn meines Verfahrens im Januar 2021 teilten uns die Prozessgegner mit, dass beinahe alle Unterschriften beisammen seien. Dann aber geriet einer der Anwälte aus dem Anwaltsteam der Obstbauern unter eine Lawine und verstarb. Weil ein großer Teil der Vollmachten auf diesen Anwalt persönlich ausgestellt worden war, wurde der Prozessbeginn abermals verschoben. Diesmal auf Mai 2021.

Da sich unsere Anwälte auf unsere Prozesse vorbereiten mussten, drängte ich ab März 2021 darauf, dass die Obstwirtschaft ihre Karten auf den Tisch legen solle. Wir bekamen immer ähnliche Rückmeldungen: Nur noch wenige Rücknahmen seien ausständig.

Schließlich schrieb ich den Anwälten der Obstwirtschaft, dass ich die Rücknahme der Anzeigen nicht mehr annehmen würde, wenn sie uns nicht endlich eine konkrete Auskunft gaben. Erst nach diesem Ultimatum rückten sie damit heraus, dass sich tatsächlich zwei Obstbauern weigerten, der Rücknahme zuzustimmen. Es handelte sich um zwei Brüder, über deren Beweggründe wir nur Mutmaßungen anstellen konnten.

Karl Bär, das Umweltinstitut München, unsere Anwälte und ich begannen nun darüber zu diskutieren, ob wir auch einer Rücknahme von 1.370 der insgesamt 1.372 Anzeigen zustimmen sollten. Alle außer mir waren dafür – wahrscheinlich, weil sich mit der Zahl der verbleibenden Kläger auch die Gefahr von hohen Schadensersatzforderungen verringerte.

Doch ich dachte anders. Würden alle Strafanzeigen bis auf zwei zurückgezogen, könnte die Apfelwirtschaft in Zukunft behaupten, dass sie uns nicht länger verfolgte – doch das Verfahren würde dennoch weitergehen. Der Pestizidprozess würde von einem spektakulären Unrechtsprozess zu einem kleinen lokalen Rechtsstreit schrumpfen. Wir hätten weiterhin alle Beschwerlichkeiten eines solchen Prozesses zu tragen, die Aufmerksamkeit und Unterstützung der Öffentlichkeit würden wir jedoch verlieren.

Karl Bär, das Umweltinstitut München und unsere Anwälte versuchten mit wachsender Verzweiflung mich umzustimmen. Sie befürchteten, dass durch meine Ablehnung auch die Teilrücknahme der Anzeigen gegen Karl Bär scheitern würde. Doch allen Überredungskünsten zum Trotz blieb ich bei meiner Meinung und fasste in der Nacht vor dem Prozess den unumstößlichen Entschluss, eine Rücknahme von nur 1.370 Anzeigen kategorisch abzulehnen. Ich wusste noch nicht, dass es ganz anders kommen würde als gedacht.

Am nächsten Morgen fuhr ich mit einem komischen Gefühl in der Magengrube zum Gericht nach Bozen: eine Mischung aus Aufregung und Angst, die ich nicht ablegen konnte. Ich stellte den

Wagen, den mir ein Freund geborgt hatte, in der Parkgarage unter dem Landesgericht ab und fuhr mit dem Aufzug nach oben.

Auf dem Platz vor dem Gericht sah ich bereits von weitem eine Gruppe von Menschen. Es waren die Prozessbeobachterinnen, die das Umweltinstitut rekrutiert hatte. Sie waren extra für den Prozess angereist. Wie zu einem Prozess in Weißrussland, in Minsk, schoss es mir durch den Kopf. Vielleicht war es das Gefühl, nicht alleingelassen zu sein, oder einfach das Gefühl, die Bühne des öffentlichen Lebens zu betreten – doch von diesem Augenblick an war meine Nervosität verflogen.

Ich begrüßte die Prozessbeobachterinnen und bedankte mich für ihr Kommen. Margarete Bause, Mitglied des deutschen Bundestages, meinte, es sei einfach wichtig zu zeigen, dass es eine große Öffentlichkeit gebe, die an diesem Prozess Anteil nehme. Deswegen habe sie sich auch so gefreut, dass auch Sarah Wiener aus dem Europaparlament heute hier sei, zusammen mit ihren Kolleginnen aus dem Bayerischen Landtag.

Eine dieser Kolleginnen, Rosi Steinberger, ergänzte: »Wenn Leute vor Gericht stehen, die eigentlich nur die Realität in der intensiven Landwirtschaft beschreiben, dann wollen wir unbedingt dabei sein und diese Leute unterstützen.«

Der Gerichtstag begann mit der Verhandlung im Verfahren von Karl Bär. Die Anwälte der Obstwirtschaft teilten dem Richter erneut mit, dass es nach wie vor keine Rücknahme der Anzeigen geben könne, da zwei Obstbauern nicht dazu bereit wären, die entsprechende Vollmacht zu erteilen. Karl Bär gab zu Protokoll, dass er auch einer teilweisen Rücknahme zustimmen würde. Der Richter jedoch wollte davon vorläufig nichts hören, sondern zuvor den beiden störrischen Obstbauern die Gelegenheit geben, sich zu äußern. Weil die beiden aber weder anwaltlich vertreten noch persönlich anwesend waren, wurde Karls Prozess zum vierten Mal vertagt.

Kurze Zeit später nahm ich zum ersten Mal in meinem Leben auf einer Anklagebank Platz. Links von mir saß Nicola Canestrini, mein Anwalt aus Rovereto. Rechts von mir Francesca Cancellaro, meine Anwältin aus Bologna. Auf der anderen Seite des Saals die Staatsanwältin und der Anwalt der beiden Obstbauern, den sie damit beauftragt hatten, sie im Prozess gegen mich zu vertreten – nicht jedoch im Prozess gegen Karl Bär. Warum sie es ausschließlich auf mich abgesehen hatten, entzieht sich bis heute meiner Kenntnis.

Der Richter begann mit einigen Formalitäten. Er wollte beispielsweise mein Buch als Beweismittel den Akten beifügen. Leider hatte niemand eine Ausgabe des Buches dabei.

»Es genügt jene Stelle, durch die sich die Obstbauern diffamiert fühlen«, sagte der Richter. Ich fragte Nicola Canestrini ganz leise, ob wir denn verlangen dürften, dass zumindest das ganze Kapitel in die Akten aufgenommen werde. »Literatur muss doch immer im Kontext gelesen werden«, flüsterte ich. Nicola lächelte und bedeutete mir mit einer Geste zu schweigen.

Der Anwalt der beiden Obstbauern erhob sich. Er gab zu Protokoll, dass er sich als Nebenkläger in den Prozess einlassen wolle, und legte der Staatsanwältin, dem Gericht und uns eine Zeugenliste vor. Mein Anwalt schob mir die Liste zu. Ich überflog sie und dachte mir: »Da schau an, die gesamte Führungsriege der Südtiroler Obstwirtschaft.«

Inzwischen hatte der Richter das Verfahren auch formal eröffnet – leider nicht mit einem Hammer wie im Film. Der Richter sagte zwei kurze Sätze, die ich zuerst gar nicht verstand. Er sprach erstens nicht allzu laut, zweitens trug er eine Schutzmaske über dem Mund. Und drittens sprach er von sich selbst seltsamerweise in der dritten Person: »Der Richter erwartet, dass die Voraussetzungen für einen unverzüglichen Freispruch im Sinne des Artikels

129 Strafprozessordnung gegeben sind und fordert die Parteien auf, zu diesem Punkt Stellung zu nehmen.«

Noch heute läuft mir eine Gänsehaut den Rücken hinunter, wenn ich an diese Worte zurückdenke. Denn was sie bedeuteten, war klar: Es gab kein Delikt und keinen Fall, das Gericht wollte das Verfahren daher ohne Umschweife mit einem Freispruch beenden.

Nicola Canestrini neben mir schien ebenso überrascht wie ich. Er rempelte mich lachend mit dem Ellenbogen in die Seite und flüsterte: »Freispruch. Du kannst gehen, Alexander. Es ist vorbei!« Er schien es selbst kaum glauben zu können. »Das ist mir in meiner ganzen Laufbahn nur sehr selten passiert; dass ein Verfahren vor der Beweisaufnahme endet. Keine Beweise notwendig.«

Nicht nur ich, sondern auch die anwesenden Filmteams, Medienleute und Prozessbeobachterinnen aus Deutschland schienen die Bedeutung der Worte des Richters im ersten Moment nicht erfasst zu haben. Denn für einige Minuten ging es weiter, als ob nichts geschehen wäre: Die Staatsanwältin durfte noch einmal das Wort ergreifen – sogar sie schien keine Lust mehr auf dieses Verfahren zu haben. Danach legte sich der Anwalt der beiden Obstbauern ein letztes Mal ins Zeug:

»In der Publikation, in diesem inkriminierten Abschnitt, stellt der Autor fest, dass die Landwirte eine unreflektierte Spritzpraxis betreiben würden und diese unreflektierte Spritzpraxis würde dazu führen, dass es zu einer Tötung aufgrund eines vorsätzlichen Ignorierens von Gefahren komme.« Fast musste ich lachen, als ich das hörte, weil ich daran dachte, wie dankbar ich ihnen eigentlich dafür war, dass sie diesen wichtigen Satz, wenngleich ein wenig unbeholfen, immer und immer wieder ins Gedächtnis riefen.

Als Nächstes ergriff Nicola Canestrini das Wort: »Kritik ist unangenehm«, sagte er, »aber Kritik ist das Salz der Demokratie und des Rechtsstaates. Herr Schiebel hat nie gesagt, die Bauern würden vorsätzlich töten. Er hat nur gesagt, dass man, wenn man etwas Gefährliches benutzt und sich nicht ausführlich mit den Konsequenzen dieser Benutzung beschäftigt, man sich dann einer fahrlässigen Tötung mitschuldig machen könnte, falls man hier wissentlich weggeschaut hat. ›Wegschauen‹ ist in einem Rechtsstaat ein Problem, wenn es um die menschliche Gesundheit geht und um Nachhaltigkeit.«

Ob ich auch etwas sagen wolle, fragte mich mein Anwalt nun. Warum nicht? Ich stand auf und sagte: »Wir haben eine wirklich interessante Zeugenliste für diesen Prozess zusammengestellt: Fachleute, die hier auf die Gefahren durch Pestizide hinweisen wollten. Diese Zeug:innen werden jetzt leider nicht zu Wort kommen. Ich möchte daher die Obstbauern in Südtirol dazu auffordern, sich mit deren kritischen Studien auseinanderzusetzen. Denn ich werfe, wie wir gehört haben, den Obstbauern in Südtirol vor, dass sie absichtlich wegschauen, weil es angenehmer ist für sie. Doch wer weiß, vielleicht trägt ja dieses Spektakel dazu bei, dass das in Zukunft nicht mehr so sein wird.«

Nach meiner Wortmeldung zog sich der Richter zur Urteilsfindung zurück.

Ich wandte mich an Nicola: »Ist es wirklich vorbei?«

»Ja«, sagte er trocken.

»Was macht dann der Richter jetzt?«

»Vielleicht raucht er eine Zigarette«, scherzte Nicola.

Dann fügte er hinzu: »Ich denke, der Richter hat sein Urteil längst gefällt, auf Basis der von uns vorbereiteten Schriftsätze. Und weil in den Reden der Staatsanwältin und des Nebenklägers keine spektakulären neuen Dinge aufgetaucht sind, wie zum Beispiel die Tatwaffe, ist die Sache erledigt«, sagte er lachend.

Der Richter kam zurück und beendete das Verfahren schnörkellos: »Im Namen des italienischen Volkes hat das Landesgericht

Bozen im Strafverfahren gegen Schiebel Alexander das folgende Urteil gefällt und verkündet: Nach Einsichtnahme in den Artikel 129 Strafprozessordnung spricht der Richter den Angeklagten von der ihm vorgehaltenen strafbaren Handlung frei, weil die Tat nicht vorliegt.«

Ich stand auf und wurde augenblicklich von zwei Fernsehteams von RAI und ORF bedrängt. »Es ist nun ein Freispruch geworden«, sagte die ORF-Journalisten. »Haben Sie damit gerechnet?«

»Ich bin kein Profi in Gerichtssachen, aber mein Anwalt hat mir gerade gesagt, dass so etwas ganz selten vorkommt: dass der Richter die Anklage beiseitewischt und sagt, das ist lächerlich, hier gibt es nicht einmal einen Tatbestand.«

Nun wurde ich danach gefragt, wie es weitergehen würde. »Wie Sie wissen, ist Südtirol ein Vorreiter bei der Produktion von Obst nach den Prinzipien des integrierten Anbaus«, antwortete ich. »Chemisch-synthetische Pestizide dürfen dabei nur im letzten Moment zum Einsatz kommen, wenn alle anderen Mittel versagt haben – sozusagen als Joker-Karte. Ich aber möchte darauf hinweisen, dass die Mär vom integrierten Anbau in Südtirol im Großen und Ganzen erfunden ist, dass sie nicht der Praxis entspricht, die in den letzten 30 Jahren in Südtirol stattgefunden hat. Die sah und sieht ganz anders aus.«

»Haben Sie das beobachtet?«, fragte mich die Journalistin, die offensichtlich verblüfft darüber war, mich so kurz nach dem überstandenen Verfahren wieder im vollen Angriffsmodus zu erleben.

»Das habe ich den Spritzbüchern entnehmen können, die wir im Laufe des Verfahrens in unsere Hände bekommen haben«, sagte ich. »Mit Hilfe dieser Spritzbücher lässt sich haarklein nachweisen, dass das so ist. Ich verstehe daher auch, warum das Land Südtirol solche Angst davor hat, dass jemand diese Daten auswertet und veröffentlicht.«

Vor dem Gerichtssaal traf ich erneut mit den Prozessbeobachterinnen zusammen. Sie schienen euphorisch: »Das war jetzt eine seelische Brotzeit für uns«, sagte Rosi Steinberger.

Später an diesem Tage sprachen mich fremde Leute auf der Straße an, gratulierten mir und freuten sich. An diesem Nachmittag wirkte es so, als ob die Gesetze der Schwerkraft, die uns tagein tagaus mit ehernem Griff nach unten ziehen, für einen Augenblick aufgehoben wären, als ob alle in der Früh schon ein wenig Prosecco genippt hätten und jetzt mit beschwingten Schritten durch die Straßen tänzelten. Da war plötzlich ein bisschen mehr Mut spürbar, ein bisschen mehr Lebendigkeit, ein bisschen mehr Trotz und Widerstand. Denn alle schienen sich zu freuen, dass jemand, der fertig gemacht werden sollte, nach einem rekordverdächtig kurzen Prozess mit einem Freispruch aus dem Gericht herausspazierte.

In der Nachbesprechung des Prozesses erklärte mir Nicola Canestrini, was da eben geschehen war: »Anstatt zu den Beweisanträgen zu kommen, hat der Richter gesagt: ›Ich brauche in diesem Fall keine Beweise. Ich brauche nicht Hunderte Zeugen, um mir zu sagen, ob das Kritik ist oder nicht. Das kann ich mit meiner Berufserfahrung und nach meinem Studium des Strafgesetzbuches, der Strafprozessordnung, der italienischen Verfassung und der Rechtsprechung des Europäischen Gerichtshofes für Menschenrechte schon allein entscheiden. Der Fall ist klar: Freispruch.‹«

»Wenn der Richter das so ankündigt, dann kann der beste Anwalt sich dagegen ins Zeug legen, das ändert nichts mehr. Außer es kommt noch der rauchende Colt zum Vorschein, die *Pistola fumante*. Das wär's vielleicht noch gewesen, wenn jemand gerufen hätte: ›Nein, Moment, wir haben hier die Tatwaffe.‹ Aber die gab es in deinem Fall ja nicht, da sind wir uns einig«, sagte er und lachte.

»In diesem Urteil ist damit festgehalten: Du hast von deinem Recht auf Meinungsfreiheit Gebrauch gemacht«, resümierte er.

»Das haben wir jetzt offiziell, im Namen des italienischen Volkes. Und das finde ich gut.«

»Bist du zufrieden?«, fragte ich.

»Ich bin sehr zufrieden, denn dieses Urteil hilft nicht nur dir. Es hilft der Demokratie und der Südtiroler Gesellschaft. Wir haben uns daran gewöhnt, dass die Grundrechte irgendwie gegeben sind. Doch heute haben wir wieder einmal gelernt, dass man für diese Grundrechte auch kämpfen muss. Und ich bin froh, dass wir das gemacht haben. Und ich bin auch froh, dass du vor Gericht gestanden bist.«

»Ach so? Danke«, unterbrach ich ihn lachend.

Auch er lachte. »Ja! Denn du hast dich dagegen gewehrt. Du hast nicht klein beigegeben. Ein anderer hätte sich vielleicht einschüchtern lassen und um Entschuldigung gebeten. Und die Mächtigen hätten zugesehen und sich gedacht: ›Aha, so geht das also. Wenn mich jemand kritisiert, muss ich nur so richtig mit meiner Macht auftreten, dann werden sie eh alle kuschen.‹ Gut, dass man manchmal versteht, dass die Macht in einem Gerichtssaal nicht mehr zählt. Wie heißt es so schön? Vor dem Gesetz sind wir alle gleich.«

Auf alle erdenklichen Arten gewinnen und verlieren

Im Herbst 2021 reiste Karl Bär für seinen nächsten Verhandlungstag erneut nach Bozen. Der vorletzte Obstbauer hatte kurz zuvor die Rücknahme seiner Anzeige verkündet. Damit verblieb noch eine Anzeige.

Karl war in der Zwischenzeit als Abgeordneter in den deutschen Bundestag gewählt worden. Doch während sich der Neo-Parlamentarier aus Berlin in den Gerichtsaal nach Bozen verfügte, ließ der letzte Obstbauer ausrichten, er könne leider auch dieses Mal nicht erscheinen. Es sei schließlich die Zeit der Ernte, er habe alle Hände voll zu tun. Nach dieser Respektlosigkeit gegenüber Gericht, Staatsanwaltschaft und Angeklagten war die Geduld des Richters aufgebraucht. Er vertagte die Verhandlung abermals, ordnete für den nächsten Termin aber seine Zwangsvorführung durch die Polizei an.

Die Ungewissheit über den Ausgang des Verfahrens gegen Karl Bär zog sich also noch ein weiteres halbes Jahr lang hin. (Die lange Dauer von Gerichtsverfahren gehört zu den großen Defiziten des italienischen Justizsystems.) Im Januar 2022 erschien schließlich auch der letzte Obstbauer im Zeugenstand und entschied sich dort, dem Anschein nach spontan, seine Anzeige zurückzuziehen.

Nach diesem unerwarteten Meinungsumschwung im allerletzten Augenblick erhob er jedoch schwerwiegende Vorwürfe gegen die Südtiroler Apfelwirtschaft. Zu seiner Anzeige habe man ihn quasi genötigt. Man habe ihn, und alle andere Obstbauern ebenso, »in etwas hineingehetzt«. Und nun wollte man mit dem Finger schnipsen und alles wieder rückgängig machen. Man spürte, wie sehr diesen letzten Obstbauern das Verhalten der Obstwirtschaft anwiderte. Zumindest in einem Punkt waren wir also einer Meinung.

Nach einer dreijährigen polizeilichen Ermittlung und einem ebenso langen Gerichtsverfahren wurde der Prozess wegen Diffamierung gegen Karl Bär zu den Akten gelegt. Doch überstanden war der Angriff aus Südtirol immer noch nicht.

Im Frühjahr des Jahres 2022 stand noch die Eröffnung des Verfahrens wegen Markenfälschung auf dem Programm. Darin sollte darüber befunden werden, ob die Verwendung des Begriffs »Pestizidtirol« zur satirischen Verfremdung der Südtiroler Dachmarke eine Markenfälschung darstellte oder nicht. Doch auch dieses letzte Verfahren endete mit einer Überraschung. Die Staatsanwältin gab bekannt, dass sie den Vorwurf in diesem Verfahren abändern wolle. Es gehe nicht mehr um Markenfälschung, sondern um Diffamierung.

Der Richter stimmte zu – und in diesem selben Augenblick war das Verfahren beendet. Denn Diffamierung ist anders als Markenfälschung kein Offizialdelikt. Und da keine Anzeigen mehr vorlagen und sich niemand mehr diffamiert fühlte, gab es auch keinen Grund mehr für ein Verfahren.

In allen fünf Verfahren, die gegen uns angestrengt worden waren, hatten wir also gewonnen. Auf alle erdenklichen Arten und Weisen hatten wir gewonnen: durch Freispruch, durch Archivierung, durch Rücknahme von Strafanzeigen oder durch den Rückzug der Staatsanwaltschaft.

Oberflächlich betrachtet war unser Triumph total. Durch den enormen Druck der Zivilgesellschaft in Deutschland, Österreich und der Schweiz hatten sich die Kläger in Südtirol aus dem Prozess zurückgezogen. Direkt oder indirekt bewirkte dies in vier von fünf Fällen das Ende des Verfahrens. Nur mein eigenes Verfahren war tatsächlich bis zum Ende durchgeführt worden – auch wenn dieses Ende bereits nach 15 Minuten kam.

Mit diesem totalen Triumph hatten wir auch eine Art Blaupause dafür geliefert, wie man einem solchen Unrechtsverfahren erfolgreich entgegentreten kann:

- Politische Mandatare mobilisieren
- Nicht-Regierungsorganisationen mobilisieren
- Die Öffentlichkeit durch Unterschriftenkampagnen mobilisieren
- Die Medien mobilisieren

- Und zwar in den Nachbarländern (um dem repressiven Klima im Land, in dem der Willkürprozess stattfindet, auszuweichen)
- Professionelles Fundraising betreiben (auf Basis der oben aufgezählten Mobilisierungsschritte), um einerseits die Arbeit an der Solidarität zu finanzieren sowie andererseits die Kosten des Gerichtsverfahrens
- Ein exzellentes Anwaltsteam beauftragen
- Offensiv vor Gericht auftreten und keinen Millimeter zurückweichen

Und doch war mir im Frühjahr 2022 weder zum Lachen noch zum Feiern zumute. Denn in meinen Augen hatten wir gleichzeitig auch auf alle erdenklichen Arten verloren.

Der Angriff der Agrarkonzerne war in erster Linie zur Einschüchterung gedacht: zur Einschüchterung der Kritiker:innen, aber auch der Bevölkerung. Diese »Strafexpedition« sollte nicht nur Kritiker:innen Schaden zufügen, sondern auch der Abschreckung dienen und jegliche gegenwärtige und zukünftige Kritik im Keim ersticken.

Waren diese Ziele nicht in Wirklichkeit erreicht worden? Seitdem der Prozess begonnen hatte, hatten wir über die Sache selbst nicht mehr viel verlauten lassen. Wir waren abgelenkt. Wir hatten alle Hände voll zu tun, im Unrechtsprozess zu bestehen. Unser neues Thema war mit einem Mal das Zu-Unrecht-Angeklagt-Sein. Ein wichtiges Thema, zweifellos. Doch die ursprünglichen Themen, die Zerstörung der Biosphäre durch die intensive Landwirtschaft und der Kampf um Pestizidfreiheit für Mals, waren aus den Schlagzeilen verschwunden.

In Wahrheit waren wir verstummt, zumindest für die Dauer des Prozesses. Es hatte sogar den Anschein, als ob es gelungen wäre, uns tatsächlich einzuschüchtern. Denn nicht nur während des Prozesses, sondern auch im ersten Jahr danach hörte man von uns kein Wort der Kritik mehr an den Praktiken der Südtiroler Obstwirtschaft.

Zweifellos war es jedoch gelungen, die Bevölkerung in Südtirol zum Schweigen zu bringen. Alle hatten dort hautnah miterlebt, wie es jenen ergangen war, die mit Konzernen in den Ring gestiegen waren. Ein Exempel war statuiert worden – und der Ausgang der Verfahren war eine Randnotiz.

Man mag an dieser Stelle einwenden, dass wir doch demonstriert hatten, wie man dafür sorgen konnte, dass diese Konzerne am Ende mit heruntergelassenen Hosen dastanden. Doch das geht eben nur, wenn man eine professionelle Organisation zur Verfügung hat, in der ein Mitarbeiterstab monatelang und rund um die Uhr daran arbeitet. Wer in Südtirol hatte solche Ressourcen schon? Und wer traute sich zu, eine solche Organisation im Falle eines Angriffs aufzubauen? Ich möchte gar nicht daran denken, wie es mir ergangen wäre, wenn ich allein gewesen wäre, ohne Umweltinstitut München und ohne meinen Verlag.

Die Einschüchterung war also gelungen. Wir waren tatsächlich mundtot gemacht: Aktivist:innen, Kritiker:innen und Bevölkerung.

Doch auch die Bestrafung für unsere Kritik war plangemäß verlaufen. Denn der Südtiroler Pestizidprozess hatte Unmengen an Ressourcen verschlungen, Unmengen an Zeit und Geld, das für andere, wichtigere Aufgaben fehlte.

Den Angreifern hingegen hatte der Angriff nicht im Geringsten geschadet. Das Unrecht, das sie uns angetan hatten, blieb ohne Konsequenzen. In einem anderen Land hätten ein solches Unrecht, die Verschwendung öffentlicher Ressourcen und der Missbrauch von Polizei und Justiz vielleicht Folgen gehabt – nicht jedoch in Südtirol. Dort waren wirtschaftliche Interessen, politische Parteien und Medien so miteinander verbunden, dass alle unserer Angreifer weiter ihre Ämter ausübten, als ob nie etwas geschehen wäre.

Bis heute fällt mein Befund also zwiespältig aus. Die Bevölkerung in Südtirol wurde zwar einerseits durch unsere Siege im Gerichtsaal ermutigt, durch die Solidarität und Empörung in den Nachbarländern bestärkt, zugleich jedoch zumindest im gleichen Ausmaß entmutigt.

Der schlimmste Effekt für mich aber fand unter Ausschluss der Öffentlichkeit statt. In meinem Inneren ging etwas zu Bruch, was auf den ersten Blick vielleicht nicht so schlimm erscheinen mag: Mein Menschenbild wurde zerstört und mit ihm meine Hoffnung. Die Auswirkungen waren verheerend.

Ich erlebte die Einsamkeit dessen, der das Gefühl hat, das volle Ausmaß unserer Probleme zu erkennen, der begreift, dass wir nicht reden, sondern kämpfen müssen. Der daher einen Schritt weitergeht als die meisten anderen und der danach ganz allein jene Lasten tragen muss, die man ihm zur Bestrafung aufbürdet.

Ich war ein bisschen sensibler gewesen, ein bisschen verzweifelter und ein bisschen mutiger. Wer aber einen Schritt weitergeht als die anderen, gerät in eine seltsame Welt, in der die relative Untätigkeit und relative Bewegungslosigkeit der anderen plötzlich sehr grausam erscheint.

Immer schon mussten Menschen damit zurechtkommen, dass ihr persönliches Leben endlich ist und dass am Ende nicht viel von ihnen übrigbleiben wird – zumindest in materieller Hinsicht. Heute aber müssen wir damit leben, dass auch unsere Spezies auf ein Ende zusteuert – oder diesem Ende in absehbarer Zeit zumindest gefährlich nahekommen wird. Bisher konnten wir in dem Gedanken Trost finden, dass wir selbst zwar verschwunden sein würden, nicht jedoch unsere Kinder und Kindeskinder. Jetzt sind wir sogar dieses Trostes beraubt.

Denn wir leben im Zeitalter der technischen Machbarkeit der menschlichen Selbstzerstörung. Wenn wir angesichts dessen zu der Erkenntnis gelangen, dass alles, was wir gegen die drohenden Gefahren tun, viel zu spät kommt und viel zu gering ausfällt, dann ist der Schritt zur totalen Resignation nicht mehr weit. Der Unrechtsprozess in Südtirol war das letzte Mosaiksteinchen, das bei mir noch gefehlt hatte für eine durch Erkenntnis induzierte Depression.

Die Gefahren für die Biosphäre und für unser Überleben, auf die wir hingewiesen hatten, waren real. Die Menschheit steckte in einem wirklichen Schlamassel – und das war schlimm genug.

Doch dass Kritiker:innen und Aktivist:innen, die für uns und unsere Kinder kämpften, mit der Strafrechtskeule geschlagen wurden und sich jahrelang abstrampeln mussten, um den Gerichtssaal heil wieder zu verlassen, war jener berühmte letzte Tropfen gewesen, der das Fass meiner Verzweiflung zum Überlaufen gebracht hatte: Bauerntheater vor Weltuntergang.

6

Gewalt gegen Kritiker:innen und Aktivist:innen

Die Waffe der Willkürprozesse

Als ich Anfang 2020 vor Gericht gezerrt und gezwungen wurde, mein Recht auf freie Meinungsäußerung in einem Strafprozess zu verteidigen, nahm ich auch die Arbeit an diesem Buch auf. Natürlich wusste ich bereits damals, dass das, was wir in Südtirol erlebten, in Wahrheit sehr häufig geschieht. Mächtige Einzelpersonen, Unternehmen oder politische Organisationen zerren Aktivist:innen und Journalist:innen, NGOs und Medien vor Gericht, weil ihnen nicht passt, was diese zu sagen haben. Das Ziel solcher Klagen besteht darin, Kritiker:innen einzuschüchtern und zum Schweigen zu bringen – und sehr oft gelingt das auch.

Bei meinen Recherchen erfuhr ich, dass solche Klagen und Prozesse auch einen eigenen Namen haben. Man nennt sie kurz SLAPP, Strategic lawsuits against public participation (Strategische Klage gegen öffentliche Beteiligung). Der Begriff SLAPP klingt im Englischen wie das Substantiv *slap* (Schlag, Ohrfeige).

Das primäre Ziel von SLAPP-Klagen ist nicht der Sieg vor Gericht. Es geht nicht darum, die eigenen Rechte durchzusetzen, sondern darum, kritische Stimmen zu behindern. Die Einschüchterung von Kritiker:innen erfolgt einerseits durch die Forderung von oft unverhältnismäßig hohen Schadensersatzsummen und andererseits durch den hohen Geld- und Zeiteinsatz, der mit solchen Prozessen verbunden ist. SLAPP zielen immer auch darauf ab, die Ressourcen der Beklagten zu erschöpfen.

In den USA traktieren Unternehmen ihre Kritiker:innen schon seit den 80er-Jahren mit solchen Schlägen. Dass SLAPP-Verfahren aber auch in Europa immer häufiger eingesetzt werden, zeigt ein Bericht des Europäischen Parlaments aus dem Jahr 2018. Eine weitere Studie aus dem Jahr 2021 zog eine 10-Jahres-Bilanz und zählte insgesamt 570 gesicherte SLAPP-Fälle in 29 europäischen Ländern. Im Jahr 2019 kam es dabei zu einem Anstieg um 43,5 Prozent gegenüber dem Vorjahr, im Jahr 2020 um weitere 15,2 Prozent.[21]

SLAPP-Prozesse werden nicht nur zu einer wachsenden Bedrohung für die Meinungsfreiheit, sondern auch für die Demokratie, da sie dazu führen, dass wichtige öffentliche Debatten unterdrückt werden.

Wie ernst diese Bedrohung mittlerweile geworden ist, zeigt ein Blick auf einige weitere Zahlen und Fälle. In Italien wurden allein im Jahr 2017, in dem auch wir angezeigt worden waren, 9.479 strafrechtliche Verleumdungsklagen eingereicht, zivilrechtliche Klagen nicht eingeschlossen, auch außergerichtliche Einigungen fehlen. Rund zwei Drittel davon wurden noch vor der Eröffnung eines Gerichtsverfahrens abgewiesen. Viele SLAPP-Fälle werden auch deshalb nie bekannt, weil sich die Opfer davor fürchten, öffentlich darüber zu sprechen.

Federica Angeli, eine italienische Enthüllungsjournalistin, gewann im Dezember 2019 ihre 111. Verleumdungsklage. Wegen ihrer journalistischen Arbeit lebt sie unter Polizeischutz, ebenso wie der berühmte Journalist und Autor Roberto Saviano, der selbst von dem Rechtspopulisten Matteo Salvini wegen Verleumdung verklagt worden war. Auch Amalia De Simone, eine weitere italienische Enthüllungsjournalistin, sah sich bereits mit einer langen Reihe von strafrechtlichen Verleumdungsklagen konfrontiert. Jeder einzelne dieser Fälle wurde von der Staatsanwaltschaft abgewiesen. Doch die Kläger legten routinemäßig Berufung gegen diese Abweisungen ein, um die Verfahren künstlich in die Länge zu ziehen und die Beklagten finanziell und psychisch möglichst lange zu belasten.

Für viele Journalist:innen gehören solche Einschüchterungsversuche auch in Deutschland zum Alltag. Laut European Federation of Journalists sind die Rechtsabteilungen deutscher Medien im Durchschnitt mit drei Schreiben pro Woche konfrontiert, in denen mit gerichtlichem Vorgehen oder Schadensersatzforderungen im Falle von bestimmten Veröffentlichungen gedroht wird.

SLAPP richten sich allerdings nicht nur gegen Journalist:innen und Medien. Auch Nicht-Regierungsorganisationen (NGOs) wie das Umweltinstitut München gehören regelmäßig zu den Zielen dieser Angriffe.

In Deutschland wurden zum Beispiel die Aktivist:innen von SumOfUs im November 2019 wegen eines friedlichen Protests vor dem Hauptsitz von PayPal verklagt. SumOfUs hatte das Online-Bezahlunternehmen dazu aufgefordert, das Konto der rechtsextremen Gruppe Pro Chemnitz zu schließen. Wie das Umweltinstitut München, hatte auch SumOfUs mit einem eindeutig satirischen Plakat protestiert. Trotzdem erhob das Unternehmen den Vorwurf der Verleumdung und behauptete, das Plakat stelle eine Verletzung des Markenrechts dar – genau wie im Südtiroler Pestizidprozess.

SumOfUs reagierte offensiv und publizierte den Fall in den Sozialen Medien. Das zeigte Wirkung. Zwei Wochen nach dem Plakatprotest entfernte PayPal Pro Chemnitz von seiner Zahlungsplattform. Die Klage gegen SumOfUs wurde fallengelassen.

Quer durch Europa gibt es viele weitere Beispiele dafür, wie Unternehmen NGOs attackieren. Die kroatische Tochtergesellschaft des niederländischen Unternehmens Elitech verklagte die Umweltschutzgruppe Friends of the Earth Croatia wegen deren Kampagne gegen ein Golf-Resort in Dubrovnik. Die Kläger wollten die kroatische NGO per Gerichtsbeschluss daran hindern, sich weiterhin in der Öffentlichkeit über das Projekt zu äußern. Damit wären allerdings grundlegende demokratische Freiheiten verletzt worden.

Im März 2015 reichte die NGO Sherpa in Frankreich eine Beschwerde gegen Vinci Construction Grands Projets und die Manager ihrer katarischen Tochtergesellschaft QDVC ein, ihr Vowurf: »Zwangsarbeit, Knechtschaft und Verschleierung« auf ihren Baustellen in Katar. Der Baukonzern Vinci antwortete mit einer Verleumdungsklage gegen die Nicht-Regierungsorganisation. 2018 wiederholte Sherpa seine Anschuldigungen zusammen mit dem Komitee für moderne Sklaverei und sieben ehemaligen Arbeitern aus Indien und Nepal.

Um den Erfolg von SLAPP-Attacken zu erhöhen, werden oft auch einzelne Aktivist:innen angegriffen, die nicht durch eine Organisation oder Institution geschützt sind. In Portugal wurde der Umweltaktivist Arlindo Marquês von der Zellstofffabrik Celtejo auf 250.000 Euro Schadensersatz verklagt. Sein Verbrechen? Er hatte auf die Verschmutzung des Flusses Tejo durch die Fabrik hingewiesen und dafür Video- und Fotobeweise in Sozialen Netzwerken publiziert.

Marquês bezeichnete die Methoden, die das Unternehmen gegen ihn einsetzte, später als »psychologischen Terrorismus«. Die Vorwürfe des Umweltaktivisten wurden schließlich durch Beweise der portugiesischen Umweltbehörde untermauert. Im März 2019 zog Celtejo seine Verleumdungsklage zurück, nachdem das Unternehmen viel negative Publicity erhalten hatte.

Auch in der Slowakei wurde ein Umweltaktivist, Ján Šimún, wegen Verleumdung verklagt. Seit Jahren hatte Ján Šimún beobachtet, wie aus einem Gebiet mit drei Deponien, das nur einen Kilometer von der Stadt Dolný Kubín entfernt liegt, Arsen in den Fluss Orava gelangte. Nachdem er im Juni im Stadtrat von Dolný Kubín über das vergiftete Wasser gesprochen hatte, verklagte ihn das für die Deponien zuständige Unternehmen.

Ähnlich erging es dem spanischen Umweltaktivisten Manuel García, den der Massentierhalter Coren auf 1 Million Euro Schadensersatz verklagte. García hatte in einer 2019 ausgestrahlten

Fernsehsendung über die mutmaßlich illegalen Praktiken von Coren gesprochen, die zu einer Verschmutzung des Stausees As Conchas führten. Zuvor bereits hatte Coren damit gedroht, Aktivisten und Wissenschaftlerinnen zu verklagen, die die Nitratwerte in den örtlichen Gewässern untersucht hatten.

Denn auch Forschende sind den Übergriffen mächtiger Unternehmen oder Institutionen oft weitgehend schutzlos ausgeliefert. Der Verfassungsrechtler Wojciech Sadurski, Professor für Rechtswissenschaften an der Universität von Sydney in Australien und an der Universität von Warschau in Polen, sieht sich mit drei straf- und zivilrechtlichen Verleumdungsklagen konfrontiert, die auf Twitter-Beiträgen beruhen, in denen er die polnische Regierungspartei PiS und die staatliche Rundfunkanstalt kritisiert hatte. Verliert Sadurski, kommen zu den möglichen Geldstrafen noch die Forderung nach einer kostenpflichtigen Entschuldigung auf der Homepage eines großen Nachrichtenportals sowie erhebliche Anwaltskosten auf ihn zu. Im Falle der strafrechtlichen Verleumdungsklage droht ihm außerdem eine Haftstrafe von bis zu einem Jahr.

In einem Interview schätzte Sadurski, dass die Zusammenarbeit mit seinen Anwälten, die Diskussionen mit ihnen und der Prozess selbst inzwischen etwa 40 Prozent seiner Arbeitszeit in Anspruch nahmen. Sadurski verwies auch auf die menschenrechtliche Dimension seines Falles: »Mein Recht auf freie Meinungsäußerung nach Artikel 10 der Europäischen Menschenrechtskonvention wird systematisch und eklatant verletzt«, sagte er.

Nicht immer sind es Unternehmen oder politische Akteure, die vor Gericht auf ihre Kritiker:innen losgehen. Manchmal sind es auch superreiche Privatpersonen. Im Vereinigten Königreich verklagte der millionenschwere Geschäftsmann und Leave.EU-Gründer Arron Banks die bekannte Autorin und Journalistin Carole Cadwalladr. Bevor sie selbst verklagt wurde, hatte sie die Praktiken von Arron

Banks kritisiert: »Bislang war Arron Banks' Strategie gegenüber der Presse die folgende: Wenn ihm nicht gefällt, was sie sagen, beauftragt er seine Anwälte bei Mishcon de Reya und droht mit einer Klage. Er drohte, wegen eines Atlantic Council Reports zu klagen, in dem er in einem Artikel mit dem Titel »The Kremlin's Trojan Horses« erwähnt wurde. Er drohte, den Guardian zu verklagen, weil der in den Panama Papers auch die Geschäftsbeziehungen von Arron Banks veröffentlicht hatte. Er drohte damit, eine Zeitung zu verklagen, die ihn mit Geschäftsinteressen in Belize in Verbindung brachte. Und er drohte auch einen Kommentator von CNN zu verklagen, weil er Aussagen über ihn gemacht hatte, die ihm nicht gefielen.«

Der ehemalige US-Präsident Donald Trump, der selbst gerne SLAPP-Klagen anstrengt, beschrieb seine Motivation für diese Art von Prozessen folgendermaßen: »Ich habe ein paar Dollar für die Anwaltskosten ausgegeben, aber der Beklagte hat viel mehr ausgegeben. Ich habe es getan, um ihm das Leben zur Hölle zu machen, und darüber bin ich glücklich.«

Das aggressive Ausnutzen des Macht- und Ressourcengefälles zwischen den Prozessparteien ist ein Hauptmerkmal vieler SLAPP-Verfahren. Da diese Form des Justizmissbrauchs Hochkonjunktur hat, haben sich einzelne Anwaltskanzleien auf SLAPP-Fälle spezialisiert. Eine Handvoll Kanzleien wie Mishcon de Reya und Carter-Ruck im Vereinigten Königreich betreuen dort beinahe alle größeren Klagen.

Bevor sie Prozesse anstrengen, versenden solche Kanzleien Drohbriefe zur Einschüchterung von Journalist:innen oder Aktivist:innen, die sie ins Visier genommen haben. Das klingt dann etwa so: »Unser Mandant hat Anspruch auf eine Entschuldigung, eine Entschädigung und einen Kostenersatz […] Die Haltung unseres Mandanten zu diesen Rechtsmitteln wird von Ihrer Antwort auf dieses Schreiben abhängen.«

Ihre Klagen reichen diese Kanzleien oft an Gerichtsplätzen ein, die für sie besonders günstig sind, und nicht am Sitz des Beklagten. Diffamierungsklagen zum Beispiel können auch an jenem Ort eingereicht werden, wo das angebliche diffamierende Verhalten stattgefunden hat oder wo die Verleumdung Auswirkungen hatte, wo sie also gehört, gelesen oder anderweitig verbreitet wurde. Vor allem das Vereinigte Königreich ist deshalb zum Ziel für »Prozesstourismus« geworden, weil die britischen Verleumdungsgesetze besonders streng sind. Ein für die Kläger positiver Begleitumstand: Prozesse im Vereinigten Königreich sind für den Beklagten besonders teuer.

Manchmal genügt daher bereits die Androhung einer Klage, um die eigenen Ziele zu erreichen. Die Kosten der Verteidigung können so hoch sein, dass sich Journalist:innen, Zeitungen und NGOs bereiterklären, Inhalte zu löschen oder zu ändern, um die drohende Klage abzuwenden. Die maltesische Zeitung Malta Today hat zum Beispiel eigenen Aussagen zufolge Artikel zurückgezogen, »nicht weil sie falsch waren, sondern weil die Zeitung sich die astronomischen Kosten eines Rechtsstreits in den Vereinigten Staaten [wo die Klage eingereicht wurde] nicht leisten konnte«.

Jodie Ginsberg, Geschäftsführerin von Index on Censorship, einer internationalen Organisation, die sich für die Verteidigung der Meinungsfreiheit und für den Schutz von Journalistinnen und Künstlern einsetzt, betont, dass solche Klagen ein besonders großes Problem für unabhängige Medien und kleinere Organisationen darstellen: »Sie sind finanziell belastend und ihre Bearbeitung kann Jahre dauern. Angesichts des drohenden langwierigen Rechtsstreits und der teuren Anwaltskosten werden viele, die solche Drohungen erhalten, einfach zum Schweigen gezwungen.«

Die maltesische Journalistin Daphne Caruana Galizia, bekannt für ihre Berichte über politische Korruption, Nepotismus, Geldwäsche, organisierte Kriminalität und ihre Beiträge zu den Panama

Papers, sagte dazu: »Für diejenigen, die unnötig Klage einreichen, gibt es keine Strafe. Selbst dann nicht, wenn sie verlieren. Der Journalist jedoch, der verklagt wird, muss einen Anwalt bezahlen, der ihn verteidigt, Gebühren für die Einreichung einer formellen Antwort auf die Klage zahlen und über mehrere Jahre hinweg zu vielen Gerichtsverhandlungen erscheinen.«

Selbst wenn eine verklagte Journalistin schließlich von dem Vorwurf der Verleumdung freigesprochen wird, hat sie einen hohen Preis in Form von Stress, verschwendeter Zeit und ausgegebenem Geld gezahlt. Ihre Kläger werden dabei versuchen, diesen Preis in die Höhe zu treiben, indem sie das Verfahren in die Länge ziehen, indem sie beispielsweise zu Gerichtsterminen nicht erscheinen oder trotz geringer Erfolgsaussichten jede Entscheidung eines Gerichts anfechten.

SLAPP treten am häufigsten in Form von Verleumdungsklagen auf, können aber auch viele andere Formen annehmen. Im Vereinigten Königreich werden Verleumdungsklagen zunehmend von Klagen zum Schutz der Privatsphäre und des Datenschutzes begleitet. Weltweit kommt eine Vielzahl weiterer rechtlicher Mittel zum Einsatz. Geklagt wird wegen Erpressung, wegen des Verstoßes gegen Markenrechte oder auf der Basis von Anti-Mafia-Gesetzen.

Wie könnte man verhindern, dass eigentlich sinnvolle Gesetze, die Menschen vor schädlichen Handlungen schützen sollen, auf diese Weise missbraucht werden? Müssen wir einfach zusehen, wie die Reichen und Mächtigen Gerichte und Gesetze auf Kosten der Allgemeinheit für ihre Interessen missbrauchen? Das müssen wir nicht! Davon waren zumindest eine Reihe von EU-Abgeordneten in Brüssel überzeugt, die vor und nach den Europawahlen 2019 eine Anti-SLAPP-Gesetzgebung forderten.

Vor diesem Hintergrund veröffentlichte die Menschenrechtskommissarin des Europarats, Dunja Mijatovic, einen Artikel auf der Webseite des Europarates, durch den sie das Bewusstsein für das Problem zu schärfen versuchte und in dem auch sie die Notwendigkeit von Anti-SLAPP-Gesetzen betonte. Als Beispiel für einen SLAPP-Prozess verwies sie dabei ausdrücklich auf den Pestizidprozess in Südtirol. (Südtirols Obstwirtschaft hatte es zu zweifelhaftem Ruhm in Europa gebracht.)

Um dem Gesetzesvorhaben der EU-Abgeordneten Rückenwind zu verleihen, startete das Umweltinstitut München, zusammen mit CASE (Coalition against SLAPP in Europe) und der Organisation Rettet den Regenwald, die ebenfalls zum SLAPP-Opfer geworden war, eine Petition für eine solche EU-Richtlinie, die von mehr als 200.000 Menschen unterschrieben wurde.

Auf Basis der Forderungen von CASE schlug die EU-Kommission schließlich das folgende Maßnahmenpaket vor.

- Frühzeitige Abweisung: SLAPP-Opfer sollten die Möglichkeit erhalten, beim Gericht einen Antrag auf frühzeitige Abweisung der Klage zu stellen. Das Gericht müsste dann prüfen, ob es sich um eine missbräuchliche Klage handelte. Sollte sich dieser Verdacht bestätigen, könnte es die Klage noch vor Beginn der eigentlichen Verhandlung abweisen.
- Umkehr der Beweislast: Nicht die Person, die vor Gericht gezerrt wurde, wäre in der Pflicht zu beweisen, dass hier eine SLAPP-Klage vorliegt, sondern die Kläger müssten beweisen, dass dies nicht der Fall wäre.
- Kostenausgleich: Würde eine Klage vom Gericht als SLAPP identifiziert und frühzeitig abgewiesen, hätten die Kläger die Pflicht, die zu Unrecht Angeklagten für die entstandenen Kosten zu entschädigen.
- Sanktionen: Diejenigen, die SLAPP anzettelten, sollten durch Strafzahlungen sanktioniert werden. Dadurch sollten Unternehmen, Regierungen und mächtige Einzelpersonen in Zu-

kunft davon abgehalten werden, Kritiker:innen vor Gericht zu zerren.

Doch bevor eine EU-Richtlinie in Kraft treten kann, müssen zunächst die Regierungen aller EU-Mitgliedsstaaten zustimmen. Manche Parteien und Politiker:innen stellen sich jedoch lieber auf die Seite der Reichen und Mächtigen, statt die Zivilgesellschaft zu stärken, das Herzstück unserer Demokratie.

Die Folge: Das vorgeschlagene Paket wurde verwässert. Entscheidende Schutzmaßnahmen für SLAPP-Betroffene wurden gestrichen oder so weit eingeschränkt, dass sie kaum noch Wirkung entfalten würden.

Ohne einen grundlegenden Schutz der freien Meinungsäußerung, vor allem in Bereichen, die für uns alle von Bedeutung sind, stirbt jedoch unsere Demokratie. Und manchmal stehen für Aktivisten und Journalistinnen nicht nur Meinungsfreiheit und Demokratie auf dem Spiel, sondern sogar ihr Leben.

Bisweilen schlägt der Versuch, die Staatsgewalt gegen Kritiker einzusetzen – sogar innerhalb der EU – in andere Formen von Gewalt um. Am 16. Oktober 2017 wurde Daphne Caruana Galizia in der Nähe ihres Hauses in ihrem Auto durch eine ferngezündete Bombe ermordet.

Zum Zeitpunkt ihrer Ermordung sah sie sich mit mehr als 40 SLAPP-Verfahren konfrontiert. Zivil- und strafrechtliche Verleumdungsklagen hatte beispielsweise die Pilatus Bank erhoben, der aufgrund von Geldwäschevorwürfen die europäische Banklizenz entzogen wurde, außerdem Joseph Muscat, der im Januar 2020 wegen seines Umgangs mit dem Fall Caruana Galizia vom Amt des maltesischen Premierministers zurücktreten musste, Keith Schembri, Muscats ehemaliger Stabschef, sowie eine Reihe von Kabinettsminister:innen und politischen Spender:innen.

Zwei Jahre nach Caruana Galizias Tod kämpften ihr Witwer und ihre Söhne immer noch gegen 27 dieser kostspieligen SLAPP-Klagen.

Weltweite Gewalt gegen Aktivist:innen

Überall auf der Welt, wo Menschen sich für die Umwelt einsetzen und damit wirtschaftlichen Interessen in die Quere kommen, versucht man, sie aus dem Weg zu räumen. In Europa haben wir vieles unternommen, damit solche Konflikte nicht in physische Gewalt münden – nicht immer und überall waren wir damit erfolgreich. Doch in anderen Teilen der Welt, vor allem im globalen Süden, ist die Lage eine ganze andere. Das liegt nicht daran, dass die Menschen dort so gewalttätig wären, sondern vielmehr daran, dass global tätige Konzerne ihre Macht dort auf andere Art ausüben können, in enger Zusammenarbeit mit korrupten Regimen.

Als die Organisation Global Witness im Jahr 1993 gegründet wurde, zählte sie zu den ersten NGOs, die diesen Zusammenhang zwischen Korruption und Konflikten um natürliche Ressourcen untersuchten. Global Witness beschäftigte sich anfänglich vor allem mit der Umweltzerstörung durch die Öl-, Gas-, Bergbau- und Holzindustrie. Die Mission: Man wollte Unternehmen und Regierungen für die von ihnen verursachten Zerstörungen zur Rechenschaft ziehen.

Ein weiterer Fokus kam erst vor zehn Jahren durch ein dramatisches Ereignis ganz oben auf die Agenda. Der CEO von Global Witness, Mike Davis, befand sich gerade in einer Besprechung, als eine Kollegin ihn mit erschütterter Miene in den Nebenraum rief. Sie brachte zunächst kein Wort heraus und Mike Davis machte sich Sorgen. Als sie schließlich zu sprechen begann, erfuhr Davis, dass Chut Wutty, einer ihrer ehemaligen Kollegen, in Kambodscha getötet worden war.

Mike Davis und Chut Wutty hatten gemeinsam den illegalen Holzeinschlag in Kambodscha bekämpft. Danach gründete Wutty eine eigene Organisation, die sich für den Schutz der Wälder einsetzte. Nun war er tot, getroffen von einer Kugel, abgefeuert in einer Konfrontation mit den Sicherheitskräften jenes Unternehmens, gegen das Wutty wegen illegalen Holzeinschlags und wegen Landraubes ermittelte.

Mike Davis wusste sehr genau: Chuck Wuttys Tod war kein Einzelfall. Überall auf der Welt riskieren indigene Völker und Umweltschützer:innen ihr Leben im Kampf gegen den Klimawandel und gegen den Verlust der biologischen Vielfalt. Aktivist:innen und indigene Gemeinschaften spielen eine entscheidende Rolle als letzte Verteidigungslinie gegen den ökologischen Kollaps.

Die Ermordung des ehemaligen Kollegen veranlasste das Team von Global Wittness dazu, sich systematisch mit der Gewalt gegen diese Aktivist:innen zu beschäftigen. Jahr für Jahr veröffentlicht die Organisation seit damals einen Report mit Fallbeispielen und Zahlen. Ein Blick in die jüngsten Berichte offenbart ein grausiges Bild: das Bild eines Jahrzehnts des ungestraften, weltweiten Mordens. 1.733 Umweltschützer:innen wurden seit 2012 bei dem Versuch, ihr Land und seine Natur zu schützen, getötet. Alle zwei Tage verliert ein Mensch sein Leben im Kampf für die Umwelt.[22]

Dabei stellen die Daten, die Global Witness sammelt, nur die Spitze des Eisbergs dar. In vielen betroffenen Ländern gibt es keine freie Presse und keine unabhängigen Zahlen über Angriffe auf Umweltaktivist:innen. Viele der überlebenden Aktivist:innen werden zu Kriminellen erklärt oder durch Todesdrohungen zum Schweigen gebracht.

Die meisten Morde finden in den Länder des globalen Südens statt. In den meisten Fällen stehen die Ermordeten den Interessen globaler Konzerne aus den reichen Ländern des Nordens im Weg, die ungestört und rücksichtlos die Ausbeutung der natürlichen Ressourcen in den armen Ländern vorantreiben wollen.

Mit insgesamt 342 tödlichen Angriffen auf Umweltaktivist:innen in den letzten zehn Jahren ist Brasilien das Land mit der höchsten dokumentierten Anzahl an Fällen. Etwa ein Drittel der Getöteten waren Indigene oder Afroamerikaner und über 85 Prozent der Morde fanden im brasilianischen Amazonasgebiet statt. Es ging um Land- und Waldrechte.

Verschärft wurden die Probleme in Brasilien durch die Wahl von Jair Bolsonaro zum Präsidenten. Bolsonaro förderte den illegalen Holzeinschlag und Bergbau. Er hebelte den Schutz indigener Landrechte aus. Er griff Naturschutzgruppen an und kürzte die Budgets und Ressourcen von Behörden zum Schutz der Wälder und der indigenen Bevölkerung.

Auf Brasilien folgt Kolumbien, auf Platz drei der gefährlichsten Länder für Umweltaktivist:innen liegen die Philippinen mit 270 getöteten Menschen in zehn Jahren. Über 40 Prozent der Ermordeten stammten auch dort aus der indigenen Bevölkerung. Die Zahlen von Global Witness zeigen, dass rund ein Drittel der Morde auf den Philippinen mit der Bergbauindustrie in Verbindung stand, ein weiteres Drittel mit der Agrarindustrie. Eine Verteilung, die sich ganz ähnlich auch in den meisten anderen Ländern des globalen Südens zeigte.

68 Prozent aller dokumentierten Morde in den letzten zehn Jahren entfallen auf Lateinamerika. Vor allem Mittelamerika war ein besonders tödliches Pflaster für Aktivist:innen, allen voran Mexiko (154 Morde), Honduras (117), Guatemala (80) und Nicaragua (57).

In Südamerika war die Lage nicht nur in Brasilien und Kolumbien katastrophal, sondern auch in Peru (51 Morde), Venezuela (17) und Paraguay (13).

Für die meisten Länder in Afrika fehlen dagegen Daten. Die spärlichen Zahlen, die vorliegen, zeigen ein beinahe ebenso düsteres Bild wie in Lateinamerika, in der Demokratischen Republik Kongo sind zum Beispiel 70 Morde dokumentiert.

In Asien lag Indien mit 79 Morden hinter den Philippinen auf Platz zwei. Aber auch in vielen anderen asiatischen Ländern wurden in den letzten zehn Jahren Umweltschützer:innen ermordet: Indonesien (14 Morde), Thailand (13), Kambodscha (10), Iran (9), Myanmar (8) und Bangladesch (7).

Die einflussreiche Wissenschaftlerin, Aktivistin und Autorin Vandana Shiva, die seit Jahrzehnten für den Schutz der biologischen und kulturellen Vielfalt kämpft, schrieb im Vorwort zum aktuellen Bericht von Global Witness: »Ich könnte Ihnen sagen, wie es dieser Bericht tut, dass allein im letzten Jahr weitere 200 Umweltschützer ermordet wurden. Aber diese Zahlen erhalten erst dann wirkliche Bedeutung, wenn wir einige Namen der Toten nennen.

Marcelo Chaves Ferreira.

Sidinei Floriano Da Silva.

José Santos López.

Jeder von ihnen war ein Mensch, von seiner Familie und seiner Gemeinschaft geliebt.

Jair Adán Roldán Morales.

Efrén España.

Eric Kibanja Bashekere.

Jeder von ihnen stand jedoch Profitinteressen im Weg.

Regilson Choc Cac.

Ursa Bhima.

Angel Rivas.

Jeder von ihnen wurde getötet, weil er seinen Teil zur Verteidigung unseres Planeten beitrug.«

Es sei wichtig, schrieb Vandana Shiva, sich diese Opfer als wirkliche Menschen vorzustellen. Und es sei wichtig zu verstehen, dass sie sterben mussten, weil mächtige Interessen die Natur nicht als etwas betrachteten, das es zu schützen galt, sondern als etwas, das erobert und unterworfen werden musste. Diese Sichtweise habe ihre Wurzeln in den industriellen Revolutionen des 19. Jahrhunderts, so Shiva. Die Tatsache, dass diese Sichtweise ihren Ursprung im Westen hatte, dürfe auf keinen Fall übersehen werden: Zwar stammten fast alle ermordeten Umweltschützer:innen aus dem globalen Süden. Doch es war nicht der globale Süden, der von diesen Gewalttaten am meisten profitierte.

Angetrieben durch das Wirtschaftswachstum und von der steigenden Nachfrage nach billigem Fleisch, nach Fernreisen und Mobiltelefonen im Westen, stieg die globale Nachfrage nach Futtermitteln, Brennstoffen und anderen Ressourcen. Das führte zu einer zunehmenden Landnahme für die Agrarindustrie, den Holzeinschlag und den Bergbau, aber auch für Infrastrukturprojekte. Diese Landnahme erfolgte in der Regel durch große Unternehmen, durch ausländische Investmentfonds oder durch die Regierungen selbst. Die lokale Bevölkerung wurde so gut wie nie konsultiert oder entschädigt, der Schutz komplexer Ökosysteme hintangestellt.

Die Ursachen für die Bedrohungen und Angriffe auf Land- und Umweltschützer:innen sind komplex und vielfältig. Doch die Länder, in denen diese Angriffe am häufigsten vorkommen, haben ein paar Gemeinsamkeiten.

Zum einen brechen solche Konflikte am häufigsten dort aus, wo der Landbesitz extrem ungleich verteilt ist (oft ein Erbe aus der Kolonialzeit) und in denen diese Ungleichheit beständig zunimmt.

Brasilien zum Beispiel gehört weltweit gesehen zu den Ländern mit der größten Ungleichheit bei der Verteilung von Landbesitz. Am größten ist diese Ungleichheit in den brasilianischen Bundesstaaten mit der höchsten landwirtschaftlichen Produktion. Genau in diesen Staaten gibt es auch die meisten Angriffe auf Aktivist:innen.

Die allerhöchste Konzentration von Landbesitz in Lateinamerika weist jedoch Kolumbien auf, das Land mit den zweitmeisten bestätigten Morden an Aktivist:innen. Ein Prozent der Betriebe verfügt dort über 81 Prozent der landwirtschaftlichen Fläche. Die übrigen 99 Prozent der Betriebe teilen sich die restlichen 19 Prozent.

Besonders gefährlich für Aktivist:innen sind außerdem Länder, in denen gewaltsame Konflikte herrschen. In Kolumbien etwa tobt seit bald 60 Jahren der am längsten andauernde bewaffnete Konflikt in Lateinamerika. Die eigentliche Ursache dieses Konflikts ist soziale und wirtschaftliche Ungleichheit, zum Beispiel im Bezug auf Landbesitz. Diese Ungleichheit wird durch den Konflikt zugleich auch weiter verstärkt. Klimawandel, Massenmigration und die Krise der Demokratie sind weitere Brandbeschleuniger.

Neben Ungleichheit, Kriegen und Bürgerkriegen gibt es drei weitere Gemeinsamkeiten von besonders gefährlichen Ländern für Umweltaktivist:innen: Autokratie, Korruption und Straflosigkeit für Gewalttäter.

In den letzten Jahrzehnten fiel die Macht in vielen betroffenen Ländern in die Hände von autoritären Herrschern. In diesen Ländern gehen korrupte Regierungen Hand in Hand mit den westlichen Unternehmen gegen kritische Stimmen vor, sei es auf der Straße, in den sozialen Medien oder im Gerichtssaal. Wo immer es den Machthabern für den eigenen Reichtum oder Machterhalt nötig erscheint, werden Menschenrechte mit Füßen getreten. Kein Wunder, dass irgendwann auch die körperliche Unversehrtheit von Umweltaktivist:innen nicht mehr gewährleistet ist.

In diesen Ländern ist es für Land- und Umweltschützer:innen auch besonders schwer, ihre Rechte durchzusetzen. Sie haben es mit bestochenen Sicherheitskräften zu tun und mit korrupten Richtern. Sie werden bedroht, eingeschüchtert, verhaftet, gefoltert und oft ermordet. Vorteilhaft ist ein solches Klima allgemeiner Korruption allein für jene Konzerne und Regierungen, die an diesen Orten ihre Interessen mühelos durchsetzen können.

Nur wenige Mörder von Umweltaktivist:innen werden jemals vor Gericht gestellt, da die Regierungen in diesen Ländern gar kein Interesse daran haben, diese Verbrechen zu untersuchen oder strafrechtlich zu verfolgen. Viele Behörden verschließen die Augen oder behindern aktiv die Ermittlungen. Potenzielle Täter haben dort keinerlei Konsequenzen zu befürchten. Durch diese faktische Straffreiheit wird physische Gewalt gegen Kritiker:innen noch wahrscheinlicher.

Wenn wir das Leben schützen wollen, nicht nur jenes der Aktivist:innen, die für uns den Kopf hinhalten, sondern das Leben aller Lebensformen auf unserem Planeten, dann ist es höchste Zeit, dass wir den Profiteuren dieses schrecklichen Status quo das Handwerk legen. Global Witness versucht deshalb, möglichst genau nachzuweisen, wer diese Profiteure sind, damit sie durch den Druck der Öffentlichkeit ihre mörderischen Praktiken einstellen müssen.

7

Was nun?

Die langen Beine der größeren Lügen

Den Profiteuren des Status quo zumindest ins Handwerk zu pfuschen, das hatten wir in Südtirol versucht. Wir waren dafür vor Gericht gezerrt worden – und wir hatten unsere Gegner das Fürchten gelehrt.

Doch hatten wir jetzt noch die Kraft, den Kampf in Südtirol fortzusetzen? Hatte die Südtiroler Apfelwirtschaft durch das SLAPP-Verfahren gegen uns etwa erreicht, dass wir uns dort nicht mehr zu Wort meldeten?

Vorläufig schien es zumindest so. Doch hinter den Kulissen arbeitete das Umweltinstitut München mit Sorgfalt und Geduld an der Auswertung der Spritzbücher, die als Beweismittel gesichert worden waren.

Die Veröffentlichung dieser Daten, davon waren wir alle überzeugt, würde für einen Knalleffekt sorgen. Diese Detonation würde ein riesiges Lügengebäude ins Wanken oder zum Einsturz bringen.

Lügen haben kurze Beine – zumindest behauptet das ein Sprichwort. Dadurch soll zum Ausdruck gebracht werden, dass man es mit Lügen nicht weit bringt. Doch genau betrachtet ist in Wirklichkeit oft das Gegenteil der Fall. Die größten Lügen haben tatsächlich sehr lange Beine, auf denen man vorzüglich voranschreitet.

In Südtirol zum Beispiel wird immer wieder behauptet, dass die Apfelproduktion dort nachhaltig sei. Man befinde sich auf einem guten Weg und betreibe schon seit 1988 integrierten Anbau, man habe ihn sozusagen erfunden, lange bevor die EU alle europäischen Bauern verpflichtete, integrierten Anbau zu betreiben. Man sei also ein Pionier der Nachhaltigkeit.

Doch worum geht es eigentlich bei diesem integrierten Anbau (auch: integrierte Produktion)? Welche Idee steckt dahinter?

Auf dem Papier steht der integrierte Anbau zwischen ökologischer und rein konventioneller Landwirtschaft auf einer Zwischenstufe. Der Produzent übernimmt nicht alle Beschränkungen der ökologischen Landwirtschaft, doch er verpflichtet sich dazu, chemisch-synthetische Pestizide erst dann einzusetzen, wenn alle ökologischen Mittel ausgeschöpft sind und seine Ernte dennoch Schaden zu nehmen droht. Als ökologische Mittel gelten auch Maßnahmen wie die Errichtung von Nistkästen und die Förderung von Nützlingen.

Die chemische Keule wird also erst im Notfall ausgepackt – und auch dann sollten keine hochgiftigen Mittel verwendet werden, sondern solche, die keine Gefahr für Menschen und Tiere darstellen und sich schnell abbauen.

Das klingt eigentlich selbstverständlich. Doch in der konventionellen Landwirtschaft werden hochgiftige Pestizide oft großflächig und nach pauschalen Empfehlungen auf Wiesen, Äcker und Felder ausgebracht, ohne zu prüfen, ob dies überhaupt ökonomisch sinnvoll ist – von den ökologischen Auswirkungen ganz zu schweigen.

Der EU-Richtlinie zufolge, die den »Integrierten Pflanzenschutz« für alle Landwirt:innen in der Europäischen Union verpflichtend vorschreibt, soll die Verwendung von Pflanzenschutzmitteln auf einem Niveau gehalten werden, das »Risiken für die menschliche Gesundheit und die Umwelt reduziert oder minimiert«. Darüber hinaus gibt es in Südtirol die Richtlinien des integrierten Kernobstbaus, durch die sich die konventionellen Obstbauern und -bäuerinnen im Vinschgau zu einer »naturnahen und nachhaltigen Anbauweise, bei welcher der Schutz der menschlichen Gesundheit und der Umwelt im Vordergrund stehen«, verpflichtet haben. In dieser Richtlinie heißt es wörtlich: »Der Einsatz chemisch-synthetischer Mittel wird auf ein Minimum reduziert!«

Seitdem wir aber die Spritzbücher der Südtiroler Bauern in Händen hielten, konnten wir nachweisen, dass chemisch-synthetische Pestizide in Südtirols Obstanbau nicht die Ausnahme, sondern der Alltag waren. Die Daten belegten haarklein und auf schockierende Weise den monatelangen Dauereinsatz von hochgiftigen und extrem gefährlichen Pestizidwirkstoffen. Sie belegten die Mehrfachbelastung der Bevölkerung und der Natur durch einen furchteinflößenden Cocktail giftiger Chemikalien.

Da es in ganz Europa so gut wie keine Transparenz in Bezug auf den Pestizideinsatz gibt, war uns durchaus bewusst, was für einen Datenschatz wir in die Hände bekommen hatten. Mit entsprechendem Aufwand wurden diese Daten daher von einer Gruppe von Wissenschaftler:innen im Auftrag des Umweltinstituts München zwei Jahre lang ausgewertet.

Am 25. Januar 2023 wurden die Ergebnisse dieser Auswertung der Daten von 681 Apfelanbaubetrieben aus dem Vinschgau publiziert.[23]

Zwischen Anfang März und Ende September des Jahres 2017 gab es in dieser Region keinen einzigen Tag, an dem nicht gespritzt wurde. Jede Apfelplantage wurde im Durchschnitt 38 Mal mit Pestiziden »behandelt«. Bei mehr als der Hälfte der untersuchten Pestizideinsätze kamen mehrere Wirkstoffe gleichzeitig zum Einsatz. Am selben Tag wurden in einer Anlage bis zu neun verschiedene Mittel gespritzt. (Obwohl es deutliche Hinweise darauf gibt, dass die Kombination verschiedener Pestizide die Auswirkungen auf Menschen und Umwelt verstärken kann.)

Mehrere der am häufigsten eingesetzten Pestizidwirkstoffe waren in der EU als »vermutlich fortpflanzungsschädigend« eingestuft, wie zum Beispiel Penconazol, Fluazinam und Phosmet. Andere sehr häufig ausgebrachte Pestizidwirkstoffe wie Bupirimat und Captan waren in der EU als »vermutlich krebserregend« klassifiziert. Auch Glyphosat befand sich unter den am häufigsten eingesetzten Pestizidwirkstoffen im Vinschgau, ein Totalherbizid, das die Internationale Krebsforschungsagentur als »wahrscheinlich krebserregend« einstuft. Bei fast einem Viertel aller Pestizidbehandlungen kamen Wirkstoffe zum Einsatz, die als besonders schädlich für Nützlinge gelten.

Von den insgesamt 83 eingesetzten Pestiziden standen 17 im Jahr 2017 bereits auf der offiziellen Liste der Substitutionskandidaten der EU. Auf dieser Liste sind jene Wirkstoffe eingetragen, die als besonders bedenklich gelten. Sie sollen laut EU-Vorgabe möglichst schnell aus dem Verkehr gezogen werden, möglichst vollständig vermieden und durch weniger gefährliche Alternativen ersetzt werden. Im Vinschgau machten sie bei den untersuchten Betrieben 13 Prozent aller Pestizidanwendungen aus!

Einer dieser Wirkstoffe, das Pestizid Etofenprox, zählte zu den im Vinschgau am häufigsten eingesetzten Wirkstoffen. Dieses Pestizid wurde von 89 Prozent der Betriebe gespritzt. Auch das Neonicotinoid Thiacloprid wurde 2017 von 65 Prozent der untersuchten Betriebe verwendet – trotz der bekannten Gefahren für Umwelt und Gesundheit. Thiacloprid ist »wahrscheinlich reproduktionstoxisch« und »wahrscheinlich krebserregend«. Außerdem ist der Wirkstoff gefährlich für Nützlinge und Vögel. Mittlerweile ist dessen Einsatz EU-weit nicht mehr erlaubt.

Mithilfe der Daten aus der Studie kann man eine Liste von zwölf Pestizidwirkstoffen erstellen, die zwei Kriterien erfüllten: brandgefährlich und im Vinschgau massenhaft eingesetzt. Sieben der Pestizide auf dieser »Best of böse«-Liste waren Substitutionskandidaten, sechs davon sind mittlerweile in der EU verboten. Es war also auch 2017 schon allgemein bekannt, dass diese massenhaft ausgebrachten Wirkstoffe extrem gefährlich sind.

Mit Abstand am häufigsten kamen im Vinschgau Fungizide zum Einsatz, also Mittel gegen Pilzerkrankungen, gefolgt von Insektiziden und Akariziden gegen Spinnen und Milben, sowie Wachstumsregulatoren und Herbiziden. 90 Prozent dieser Pestizideinsätze wurden mit chemisch-synthetischen Substanzen durchgeführt – obwohl es für die am häufigsten genannten Einsatzgründe nachhaltigere Alternativen gab. Was die Spritzbücher beschrieben, war kein integrierter Anbau, sondern nahe an der konventionellen Landwirtschaft in ihrer schlimmsten Form.

Beginnen wir mit einem Beispiel, bei dem man den Pestizideinsatz zur Gänze vermeiden könnte. Mehr als 90 Prozent der untersuchten Betriebe setzten Glyphosat ein, um Beikräuter zu bekämpfen. Glyphosat und andere Herbizide machten insgesamt fast 10 Prozent aller Anwendungen aus. Ihr Einsatz im Apfelanbau ist jedoch zur Gänze vermeidbar, da erprobte und risikoarme mechanische Alternativen zur Regulierung von Beikräutern existierten. Gemäß den Richtlinien des integrierten Anbaus hätte man erwarten können, dass diesen Alternativen der Vorzug gegeben würde. Doch das war nicht einmal im Ansatz der Fall.

Ein weiteres Beispiel: Die bei weitem häufigste Begründung für den Einsatz von Pestiziden im Vinschgau waren die beiden Pilzkrankheiten Apfelschorf und Mehltau. Im Kampf dagegen wurden fast ausschließlich chemisch-synthetische Mittel eingesetzt: bei Apfelschorf in 84 Prozent und bei Mehltau in 86 Prozent der Anwendungen. Dabei können Schorf- und Mehltaubefall durch den Anbau resistenter Apfelsorten auch ohne hochgiftige Fungizide reguliert werden. Gemäß den Richtlinien des integrierten Anbaus hätte man das Problem bereits bei der Sortenwahl lösen müssen.

Nächstes Beispiel: Nützlinge statt Chemie. Viele Schädlinge, die besonders häufig als Einsatzgrund genannt wurden, können auch durch Nützlinge in Schach gehalten werden. Im Vinschgauer Apfelanbau jedoch wurden im Gegenteil zahlreiche Wirkstoffe eingesetzt, die Nützlinge sogar schädigen. Ein fataler Teufelskreis: Je weniger natürliche Gegenspieler es für einen Schädling gab, desto mehr Pestizide mussten eingesetzt werden, desto weniger natürliche Gegenspieler gab es – und immer so weiter.

Das Umweltinstitut München konstatierte trocken, der hohe Pestizideinsatz im Vinschgauer Apfelanbau stehe im krassen Widerspruch zu einer »naturnahen und nachhaltigen« Anbauweise und den Richtlinien des integrierten Anbaus.

Die Lüge vom »integrierten Anbau in Südtirol« erschien den Medien so unglaublich, dass die Süddeutsche Zeitung und der Bayerische Rundfunk sich zunächst durch eine eigene Auswertung der Daten von der Richtigkeit der Ergebnisse der Studie des Umweltinstituts überzeugen wollten. Danach aber setzte die Süddeutsche Zeitung die Geschichte groß auf die Titelseite. Unter dem Titel »Wie das Gift auf den Apfel kommt« war das Bild eines Apfels vor einem schwarzen Hintergrund zu sehen, der aus mehreren metallischen Schläuchen mit neongelber Farbe besprüht wurde[24]. Auch andere Medien, etwa der Bayerische Rundfunk, gaben den Enthüllungen breiten Raum.

Mir gab diese Studie einen Schub von Kraft. Ich dachte: Das ist es! Jetzt kommen wir einen Schritt voran. Darauf habe ich gewartet. Jetzt liegen die Karten auf dem Tisch. Jetzt erfährt jeder, was er wissen muss, um den Pestizidprozess zu verstehen. Das muss das Schlusskapitel meines Buchs werden.

Das Umweltinstitut München hatte gezeigt, wie verlogen die Apfellobby in Südtirol war. Die Studie des Umweltinstituts hatte das auf eine Weise demonstriert, die einem angesichts der ausgebrachten Mengen und angesichts der verwendeten Gifte das Blut in den Adern gefrieren ließ.

Jetzt, wo die Fakten auf dem Tisch lagen, wollte man am liebsten in den wütenden Ruf einstimmen, mit dem Greta Thunberg in ihrer Rede vor den Vereinten Nationen die Untätigkeit der Politik im Kampf gegen den Klimawandel kritisiert hatte: »How dare you?«

Wie könnt ihr es wagen? Ihr belügt die Bevölkerung systematisch und besitzt gleichzeitig die Frechheit, eure Kritiker vor Gericht zu zerren?

Jetzt war ich wirklich gespannt darauf, wie die Apfellobby reagieren würde. Die Enthüllungen schienen in Südtirol zunächst wie eine Bombe einzuschlagen. Die Neue Südtiroler Tageszeitung brachte eine Titelstory unter der Überschrift: »Image-GAU«.[25] Der »größte anzunehmende Unfall« war eingetreten. Doch die Halbwertszeit der Aufregung war gering. Schon nach kurzer Zeit setzte sich in Südtirol eine andere Linie durch. Die Daten waren in den Medien kein Thema mehr. Niemand äußerte sich mehr dazu. Und die Medien fragten nicht länger nach. Es sah so aus, als würde die Story von selbst verpuffen – und gar nichts müsste sich ändern im Land.

Augenscheinlich war sich die Apfellobby sicher, dass diese Strategie erfolgreich sein würde. Landesrat Schuler, der dank seiner zweifelhaften Rolle im Südtiroler Pestizidprozess überregionale Bekanntheit erlangt hatte, wurde gefragt, ob so eine negative Berichterstattung in einem der Hauptabnehmerländer für Südtirols Äpfel auch wirtschaftliche Auswirkungen haben könnte.

»Kaum«, antwortete der Landesrat lässig, »und kaum auch in Sachen Tourismusmarketing«. Dem fügte er noch hinzu, dass es kein rechtliches Vorgehen gegen die Urheber der Analyse geben werde. Das habe auch in der Vergangenheit nichts gebracht.

Die Apfellobby hatte dazugelernt. Ihr neues Motto lautete: Nicht einmal ignorieren – wir machen einfach weiter wie bisher.

Schützt eure Hoffnung!

Eine »stabile Realisation« ist im Buddhismus ein Gedanke, an den man sich nicht stetig neu erinnern muss, sondern den man sich »angewöhnt« hat, der zur bleibenden Realität geworden ist. Buddhist:innen versuchen auf diese Weise, zum Beispiel ihr Mitgefühl zu kultivieren.

Bei mir hatte sich mittlerweile ein anderer Gedanke verfestigt. Ich hatte eine stabile Realisation der Klimakatastrophe und der Zerstörung der Biosphäre unseres Planeten erlangt. Der ökologische Notstand stand mir beständig vor Augen. Mit unerbittlicher Beständigkeit erinnerte ich mich, dass wir nicht weitermachen konnten wie bisher. Doch mit ebenso unerbittlicher Beständigkeit sah ich, dass wir weitermachten wie bisher.

Wir waren zu Egoisten sozialisiert worden, von Kindesbeinen an. Wir hatten uns eingesponnen und zurückgezogen in harmlose, glückliche, private Welten, um nicht mitansehen zu müssen, wie wir die Zukunft unserer Kinder zerstören. Wir waren abgelenkt durch Konsum und Unterhaltungssucht.

Meine beständige Realisation der multiplen Katastrophen forderte jedoch ihren Tribut. Nicht in einem dramatischen Augenblick, sondern schleichend. Wie wenn einer allmählich dick wird oder alt. Von Tag zu Tag ging es mir schlechter.

Ich betrachtete meine Mitmenschen mit wachsender Verzweiflung. Wenn sie vor Freude strahlten, konnte ich mich nicht mehr mit ihnen freuen. Ich dachte immerzu an dieses Schweigen, dass in ihrer Freude inkludiert war, an die Ablenkung von jenen Katastrophen, die Tag für Tag näherrückten. Bei allem, was sie taten, dachte ich immer auch daran, was sie unterließen.

Meine Kommentare zu ihrem Verhalte wurden so immer bitterer. An unschuldigen Vergnügungen konnte ich nicht mehr teilnehmen. Damit wurde ich auch von Tag zu Tag einsamer.

Ich hatte immer öfter das Gefühl, der Einzige zu sein, der beständig über unsere schrecklichen Zukunftsaussichten nachdachte. Der Einzige, der sich dieser Einsicht stellte. Überall um mich herum sah ich nur Menschen, die auf unterschiedliche Weise und dennoch mit vereinten Kräften, dafür sorgten, dass nichts zur Rettung unseres Planeten geschah.

Da waren zum einen die Lügner:innen, die uns Sand in die Augen streuten, um einfach weitermachen zu können wie bisher.

Da waren zum anderen die Dummköpfe, die in ihrer Ignoranz die eindeutigsten Befunde der Wissenschaft beiseitewischten.

Und dann waren da noch die Zufriedenen, die Satten und die Bequemen, die darauf hofften, eine Katastrophe von epischen und nie dagewesenen Ausmaßen mit kleinen Schritten zu lösen. Die auch dann nicht so recht auf die Wissenschaft hören, wenn immer mehr Wissenschaftler:innen vehement darauf hinweisen, dass sofortiges Handeln dringend erforderlich war.

Ja, ich war bitter und ungenießbar geworden. Jede Freude war mir vergällt. Die Welt, in der ich lebte, schien mir im Großen und Ganzen verrückt. Die Katastrophe, vor der wir standen, würde meinen 17-jährigen Sohn, meinen 12-jährigen Sohn, meine 9-jährige Tochter und meine 6-jährige Tochter ihre Zukunft kosten. Ich sah meine Kinder an, voller Liebe, und mein Herz schnürte sich zusammen, wenn ich daran dachte, in welcher Welt sie leben würden.

Tag und Nacht grübelte ich darüber nach, was ich noch unternehmen könnte. Gab es etwas, das ich noch nicht probiert hatte?

Hin und wieder kam mir eine Idee und für einen kurzen Moment flackerte Begeisterung in mir auf. Doch wenige Tage später hatte ich bereits wieder erkannt, dass auch diese neue Idee nicht funktionieren würde.

Weil ich nichts Sinnloses tun wollte, tat ich gar nichts.

Ich hörte nicht mehr auf zu suchen, zu denken und zu leiden.

Die finanzielle Lage meiner Familie wurde dadurch immer aussichtsloser. Die Schulden türmten sich immer höher.

Um trotzdem überleben zu können, nahm ich sozusagen Kredite bei meinen Leser:innen und Zuseher:innen auf. Im Gegenzug versprach ich ihnen Buch und Film.

Dadurch wuchsen auch die unerledigten Projekte zu immer höheren Türmen an. Für ihre Umsetzung fehlte mir aber die Hoffnung und damit die Kraft. Ich fühlte mich müde und ausgebrannt.

Unbezahlte Schulden hatte ich mittlerweile auch bei Vater Staat, dessen Besuche nun immer regelmäßiger und immer ungeduldiger wurden und der mir schließlich meine Bankkonten sperrte.

Meine Frau Hanae war der einzige Mensch, mit dem ich noch sprechen konnte. Und das tat ich ausgiebig. Mit ihr sprach ich nach dem Aufstehen. Ich sprach mit ihr auch zu Mittag. Und spät nachts sprach ich immer noch mit ihr. Meine verzweifelten Monologe wurden immer endloser. So endlos wie die Liebe, mit der sie mir zuhörte. Obwohl es schwer war mitanzusehen, wie ich vor ihren Augen verfiel.

Bis es selbst Hanae, die durch so viele Krisen mit mir gegangen war und der ich so viele Belastungen zugemutet hatte, zu viel wurde. Ich müsse aufhören, der zu sein, der ich geworden war. Ich müsse diesen Albdruck der Verzweiflung von mir heben!

Die Zeit der Strafverfolgung gegen mich hatte mich enorm belastet. Mir waren in dieser Zeit die Augen geöffnet worden über viele meiner Mitmenschen. Gleichzeitig hatte ich mich unermüdlich damit beschäftigt zu erkennen, wo wir als Menschheit wirklich standen und welche Probleme auf uns zukamen.

Beide Erkenntnisse zusammen hatten mir jede Hoffnung genommen. Nun war ich im Begriff, sogar meine Zukunft und meine Familie zu verlieren.

Warum erzähle ich das alles? Um all jene zu warnen, die nach mir in die Schusslinie treten oder in die Mühlen der Strafverfolgung geraten. Bei allem Kampf und allem Einsatz ist es wichtig, eine Sache nicht zu vergessen:

Schützt euer Herz! Schützt eure Liebe! Schützt eure Hoffnung!

Wir müssen kämpfen

Meine Frau hatte Recht: Ich musste versuchen, aus dieser Dunkelheit und Verzweiflung herauszutreten. Ich musste meinen Kampfgeist wiederfinden. Das war angesichts meines Befundes über den Zustand der Welt allerdings gar nicht so leicht.

An der Lage hatte sich schließlich nichts geändert. Immer noch schätzten viel zu viele Menschen das Ausmaß der Zwillingskrisen von Klimanotstand und Biodiversitätsverlust völlig falsch ein. Mehr oder weniger unbeeindruckt davon waren sie in ihre Alltagsprojekte verstrickt, in ihre Jagd nach persönlichen Zielen und Vorteilen, als ob es diese existenziellen Krisen gar nicht gäbe. In einer schönen neuen Welt von Unterhaltungs- und Konsumangeboten amüsierten sie sich buchstäblich zu Tode. Vor diesem Hintergrund konnten die Profiteure des Status quo und »ihre« Politiker:innen ihre Agenda weiterhin ungestört umsetzen.

Wir waren alle gemeinsam auf einem Schiff, das fröhlich seinem Untergang entgegensegelte. Mir wurde klar, dass alles Reden und Verhandeln aussichtslos war, solange niemand dieses Schiff anhalten oder sein Steuer herumreißen wollte. Es war an der Zeit, die fröhliche Reise zu stören und die gewohnten Abläufe zu durchbrechen. Wir durften nicht mehr diskutieren und hoffen, wir mussten ganz einfach kämpfen

Nur wie? In der Geschichte der Menschheit gibt es zwei Arten von Aufständen: bewaffnete und gewaltlose. In unseren Breiten sind wir glücklicherweise übereingekommen, dass bewaffnete Konflikte vermieden werden sollten. Der Kampf, der Widerstand gegen die Reise in den Untergang, musste also gewaltlos sein.

Doch wie sollte ein gewaltloser Widerstand funktionieren? Was bedeutete das überhaupt?

Gewaltloser Widerstand bedeutete jedenfalls nicht, dass sich niemand durch diesen Kampf gestört fühlen durfte. Er bedeutete auch nicht, dass man schwelende Konflikte nicht zur Eskalation bringen sollte, um ihnen Sichtbarkeit zu verleihen. Gewaltlosigkeit bedeutete lediglich, dass andere Menschen keinen physischen Schaden erleiden sollten. Und Gewaltlosigkeit bedeutete auch, dass Schäden an Dingen möglichst vermieden werden sollten.

Doch würde gewaltloser Widerstand überhaupt etwas bewirken?

Zum Glück deuten empirische Befunde darauf hin, dass gewaltlose Aufstände sogar doppelt so erfolgreich sind wie bewaffnete. Und darüber hinaus doppelt so nachhaltig. Die Sozialwissenschaftlerin Erica Chenoweth hatte alle Aufstände seit 1900 akribisch ausgewertet.[26] Als Aufstand gilt dabei jeder Kampf, an dem mehr als 1.000 Menschen für länger als ein Jahr beteiligt gewesen sind. 53 Prozent der gewaltlosen Aufstände waren erfolgreich, aber nur 25 Prozent der bewaffneten.

Darüber hinaus waren Rückfälle in den Vorzustand nach einem gewaltlosen Aufstand seltener. Und anders als die Forscherinnen erwartet hatten, hatte der Erfolg gewaltloser Aufstände nicht das

Geringste damit zu tun, ob sie sich in einer brutalen Diktatur oder in einer Demokratie zugetragen hatten.

»Wir müssen also kämpfen«, sagte ich mir und wiederholte es wie ein Mantra, »gewaltlos und sofort«.

Gewaltlosigkeit war nicht nur eine bessere, effektivere und erfolgversprechendere Strategie. Ich wollte auch für eine Welt kämpfen, in der wir mehr Rücksicht aufeinander und auf die Natur nahmen. Ein gewalttätiges Vorgehen für eine solche Welt wäre ein Widerspruch in sich. Doch wer würde sich diesem Kampf anschließen? Gab es überhaupt jemanden, der dafür bereit war, oder war ich tatsächlich so allein, wie ich mich in den letzten Jahren gefühlt hatte?

Bei genauerer Betrachtung gab es einige wenige, die aufstanden und All-in gingen. Diese wenigen riskierten alles, damit nicht alle alles verloren.

Der zivile Ungehorsam, dem ich mich anschließen wollte, hatte mit den Schulstreiks von Fridays for Future begonnen. Statt in der Schule zu erscheinen, gingen die streikenden Schüler:innen an Freitagen für ihre eigene Zukunft und für mehr Klimaschutz auf die Straße.

Im Windschatten der freitäglichen Proteste hatten Gruppen wie Extinction Rebellion und Ende Gelände weitere Formen des gewaltlosen Widerstands erprobt. Zuletzt hatten vor allem die Aktivist:innen der Letzten Generation für Aufsehen gesorgt, als sie den Straßenverkehr in zahlreichen Städten punktuell zum Erliegen brachten, indem sie sich selbst an zentralen Knotenpunkten auf dem Asphalt festklebten. Zuletzt hatten sie sogar den Verkehr auf der Brennerautobahn zum Erliegen gebracht und sich dort am Asphalt der symbolträchtigen Europabrücke festgeklebt.

Initiativen dieser Art gab es nicht nur in Österreich und Deutschland, sondern auch in Schweden (Återställ Våtmarker), den USA (Declare Emergency), in Frankreich (Dernière Rénovation), Großbritannien (Just Stop Oil), der Schweiz (Renovate Switzerland), Neuseeland (Restore Passenger Rail), Australien (Stop Fossil Fuel Subsidies), Norwegen (Stopp Oljeletinga!) und Italien (Ultima Generazione).

Auf der Website der Letzten Generation füllte ich ein Formular aus, in dem ich angab, dass ich bereit war, mich an zukünftigen Aktionen zu beteiligen. Einige Tage danach erhielt ich einen Anruf von einem Aktivisten der Letzten Generation. In den Gesprächen, die diesem Anruf folgten, erlebte ich zahlreiche Überraschungen.

Die erste: Es handelte sich keineswegs um eine Gruppe vorwiegend junger Leute im Stile einer Studentenrevolte, sondern um einen ausgewogenen Mix von Menschen aus allen Alters- und Gesellschaftsschichten.

Die zweite Überraschung bestand in der vorherrschenden Motivation: Der Widerstand dieser Menschen beruhte keinesfalls nur auf Emotionen oder Impulsivität, sondern auf klarer Erkenntnis. Sicher, sie waren verzweifelt. Aber ihre Verzweiflung hatte sich in eine stabile Erkenntnis unserer Lage verwandelt, die ihnen die Kraft gab zu handeln.

Am positivsten war für mich die dritte Überraschung: Die Aktivist:innen der Letzten Generation sahen sich explizit als Teil der langen und erfolgreichen Geschichte des zivilen Ungehorsams und bezogen sich auf Gandhi und die amerikanische Bürgerrechtsbewegung. Auch sie wollten als Einzelne mutig voranschreiten, in der Hoffnung, dass der Funke auf andere überspringen und der Widerstand immer weitere Kreise ziehen würde.

Im Juni 2023 bot sich mir die erste Gelegenheit, an einer Aktion der Letzten Generation teilzunehmen: einem Slow Walk auf der Wiener Ringstraße, einer Protestform, bei der eine Gruppe Menschen unangemeldet und sehr langsam auf einer Straße entlangwandert, um so den Verkehr aufzuhalten.

Ich fand es sehr aufregend, als wir auf einer der Hauptverkehrsadern der Stadt auf diese Weise den Verkehr lahmlegten. Ich hatte das Gefühl, einen Stock in die Speichen eines großen Rades zu stecken. Das Rad musste für einen Augenblick stillstehen. Die Reise in den Untergang war für einen Moment unterbrochen. Zumindest so lange, bis die aufgestaute Energie den Stock in den Speichen zerbrechen würde.

Ich konnte nicht anders, als mein Smartphone herauszuziehen, um zu dokumentieren, was ich gerade miterlebte. Ich begann also zu filmen.

Der Zug wurde mittlerweile von mehreren Dutzend Polizist:innen begleitet, die ihn auf eine weniger störende Route ablenken wollten.

Der von der Polizei vorgeschlagene Weg war den Aktivist:innen jedoch zu harmlos. Mitten auf der Ringstraße schickten sie daher jene Teilnehmer:innen des Slow Walk, die an der nun folgenden spontanen Aktion nicht teilnehmen wollten, von der Straße auf den Gehsteig. Acht Personen in orangen Westen mit der Aufschrift »Letzte Generation« blieben in der Mitte der Straße zurück und setzten sich auf den Asphalt. Das Polizeiaufgebot bildete nun einen Ring um dieses Grüppchen.

Was mich am meisten beeindruckte, war die Entschlossenheit der Aktivist:innen, die ruhige Ernsthaftigkeit, die sie ausstrahlten. Eine Entschlossenheit und Ernsthaftigkeit, die nur jemand ausstrahlen konnte, der das weite Tal der Hoffnungslosigkeit bereits durchschritten hatte. Der eigenartige Kontrast zu ihrer Verletzlichkeit und Einsamkeit verlieh diesen Menschen eine große Würde.

Ich lief hinaus auf die Straße, um möglichst viele Nahaufnahmen der Gesichter aufzunehmen. Erst als einige der Passant:innen, die auf den Gehsteigen angehalten hatten, zu applaudieren begannen, huschte ein Lächeln über das Gesicht mancher Aktivist:innen. »Danke!«, schallte es aus der Menge. »Ihr seid nicht allein!«

Da saßen sie also, jene acht Figuren, mit ihren zerbrechlichen, sanften, schönen Gesichtern und ihrer wilden Entschlossenheit und hielten diese ganze Maschine einen wunderbaren Augenblick lang an. Es erschien mir beinahe unwirklich.

Ich filmte auch weiter, als die Polizei die Aktivist:innen schließlich an Händen und Füßen packte und von der Straße schleppte. Ich filmte durch die Ritzen im Polizeispalier, als man die Festgenommenen auf einem Radweg ablud. Ich filmte, wie die Polizist:innen Personalien aufnahmen und auch als man die Gefangenen in einen Polizeitransporter einsperrte und abtransportierte. Ich filmte, bis die Ordnung wiederhergestellt war und der Verkehr wieder fließen konnte.

In den Wochen zuvor hatte ich unter starken Rückenschmerzen gelitten. Und die Aussicht, von vier Polizisten von der Straße gezerrt zu werden, löste in mir keine Vorfreude aus. Ich wollte auch nicht meiner Freiheit beraubt und in einen Polizeitransporter eingesperrt werden. Ich wollte weder einige Stunden noch eine ganze Nacht im Gefängnis verbringen, auch wenn man ihm den Namen »Polizeiliches Anhaltezentrum« (PAZ) gegeben hatte. Noch unangenehmer war mir der Gedanke, dass gewalttätige Irre während einer Protestaktion auf mich einprügeln könnten oder mich mit dem Auto überfahren. Aber es nützte alles nichts: Wir mussten kämpfen. Und ich würde dabei sein.

Als ich den Tatort verließ, der inzwischen auch zum Drehort geworden war, beschloss ich, mich von nun an mit hundertprozentigem Einsatz an diesen Aktionen zu beteiligen. Und nicht nur das: Auch einen Film darüber wollte ich machen. Denn mir war an diesem Nachmittag klar geworden, dass ich nicht nur mitkämpfen musste, sondern auch davon erzählen. Liebevoll und wahrheitsgemäß. Als teilnehmender Beobachter. Als Erzähler, der darauf hoffte, durch seine Erzählungen zur Kraft jener Aufstände, an denen er teilnahm, beitragen zu können.

Ich sah bereits den fertigen Film auf der Kinoleinwand vor mir. Er bot eine Innensicht dieser Bewegung. Ein intimes Porträt dieser Menschen, die aus Liebe zum Leben eine Grenze überschritten hatten und die dafür Risiken aller Art in Kauf nahmen.

»Die Geschichte geht gut aus.«

Würde dieses neue Projekt etwas dazu beitragen, unsere Reise in den Untergang aufzuhalten? Wahrscheinlich nicht, doch wer wusste das schon. Ich hatte jetzt jedenfalls entdeckt, wie ich in einer Welt am Abgrund trotz allem mit Begeisterung und voller Energie an einem neuen Projekt arbeiten konnte. Das funktionierte genau dann, wenn ich etwas zu erzählen hatte, eine Art von Geheimnis, wenn ich dafür zu brennen begann, dieses Geheimnis mit anderen zu teilen. Dieses Geheimnis war die Faszination, die meine neuen Protagonist:innen ausstrahlten. In nur wenigen Wochen hatte ich diese sanften, tapferen Kämpfer:innen in mein Herz geschlossen.

Ich wollte deren Grenzüberschreitungen aber nicht in einem langweiligen TV-Dokumentarfilm erzählen, der in dem üblichen formalen Korsett steckte, das nur eine gewisse Perspektive auf die Welt zulässt. Ich wollte nicht nur von einer unbekannten Welt erzählen, sondern mich auch beim Erzählen selbst auf unbekanntes Terrain vorwagen. Ich wollte einen Dokumentarfilm machen, in dem die Hauptfiguren nicht nur von sich selbst erzählen würden, sondern den Film sozusagen selbst erzeugten. »Crowdbased Filmmaking« nannte ich das.

In einem ersten Schritt entwickelte ich, gemeinsam mit meinen Protagonist:innen, den Fokus der Geschichte, die erzählt werden sollte – gewissermaßen das Drehbuch. Worum sollte es gehen? Mit diesem Film wollten wir es den Zuseher:innen ermöglichen, am Abenteuer des Aufstands der Letzten Generation teilzunehmen und es aus der Innenansicht mitzuerleben. Mittendrin, statt nur dabei. Sie sollten wissen, wie es sich anfühlt, klein zu beginnen und zu gewinnen oder zu scheitern.

Ich führte eine Reihe von Schulungen durch, um einige Aktivist:innen zu »Kamera-Bienen« auszubilden. Im nächsten Schritt wollte ich sie mit Mobiltelefonen ausstatten, die Videos in höchster Qualität aufnehmen können. Finanzieren würden wir das ganze durch Crowdfunding.

In der englischsprachigen Welt gab es zahlreiche Bücher, deren Titel sich aus einem Namen zusammensetzte und dem Zusatz »… in his own words«. Das Porträt einer Person entstand dabei aus deren eigenen Aussagen. Zum Beispiel: »John Lennon in his own words«.

Ich wollte einen Dokumentarfilm schaffen mit dem Zusatz »… in their own views«. Zum Beispiel: »Die Letzte Generation in ihren eigenen Bildern«. Das hätte den unschätzbaren Vorteil, dass die Zuseher:innen immer und überall dabei sein könnten, wo die Dinge tatsächlich spannend wurden. Als Regisseur hätte ich meine Augen und Ohren überall gleichzeitig. Die Stimmung in einem Polizeitransporter einzufangen, der gerade eine Gruppe von Aktivist:innen wegbrachte, wäre zum Beispiel ein unglaublich interessanter Einblick. Dafür musste es nur gelingen, irgendwie ein Mobiltelefon dort hineinzuschmuggeln.

Wenige Tage, nachdem ich meine Idee des Crowdbased Filmmaking mit den Aktivist:innen der Letzten Generation geteilt hatte, zeigte mir einer von ihnen genau diese Bilder aus dem Inneren eines Polizeitransporters. Nun war ich endgültig überzeugt, dass diese Art des Filmemachens funktionieren konnte.

Im Lauf der nächsten Wochen zeigt sich immer deutlicher, dass auch die Aktivist:innen der Letzten Generation sich für den Plan, auf diese Weise Filme zu produzieren, begeisterten. Wir waren sehr neugierig zu erfahren, ob und wie es funktionieren würde, ob wir tatsächlich in den wesentlichen Momenten mit unseren Kameras ganz nah dran sein würden.

Mein Leben als Filmemacher hatte sich in wenigen Wochen vollkommen verändert. Doch auch mein Leben als Autor hatte in den letzten Monaten eine überraschende Wendung genommen.

Mit dem Schreiben ist es ja ein bisschen so wie mit der körperlichen Fitness. Wer sich jahrelang gehen lässt und dann versucht, wieder in Form zu kommen, den kosten die ersten Tage und Wochen unglaubliche Überwindung. Sie sind quälend und führen nur zu winzigen Fortschritten. Doch wenn man durchhält und konsequent weitertrainiert, kann man am Ende Leistungen vollbringen, die einem am Anfang unerreichbar erschienen. Als ich mit der Arbeit an diesem Buch begann, klang jede Formulierung falsch für mich. Ich hatte hundert Konzepte erzeugt und noch viel mehr Textfragmente und alle wieder verworfen. Aber irgendwann zwang ich mich ganz einfach zu schreiben, unabhängig vom erzielten Resultat.

Nach nur einem halben Jahr hatte ich mir dabei eine Arbeitsweise angewöhnt, die mir meine Lebensgeister in winzigen Schritten zurückgebracht hatte. Ich stand sehr früh auf und begann noch vor dem Frühstück. Neben mir stand eine Tasse schwarzer Kaffee, doch oft vergaß ich sie vollkommen. Von Tag zu Tag war mir das Schreiben leichter gefallen. Nun war es keine Qual mehr für mich, sondern ein Bedürfnis.

Ich hatte das Gefühl, als hätte mir diese neue Angewohnheit meine Stimme zurückgegeben. Was ich zu sagen hatte, würde gehört werden. Zumindest von einigen.

Also beschloss ich auch mein aktuelles Filmprojekt wieder durch ein Buch zu ergänzen und zu erweitern. Ein Porträt der Letzten Generation aus der Innenansicht. Wer sind die Menschen? Was sind ihre Beweggründe? Was erleben sie im Widerstand? Wie fühlt es sich an, einer von ihnen zu sein?

Durch die Idee des Crowdbased Filmmaking, durch die Arbeit an dem Film über die Letzte Generation und durch meine neu entdeckte Begeisterung für das Schreiben hatte ich mich wie einst Baron Münchhausen am eigenen Schopf aus dem Sumpf gezogen, in dem ich zu versinken drohte.

Ich betrieb »Management by Optimism«. Ich schrieb meine Ziele und Visionen in Großbuchstaben. Meine Einwände und Sorgen verbannte ich in die Fußnoten.

Natürlich steckte in dieser Wendung auch ein kleiner ironischer Twist. Baron Münchhausen belog bekanntlich sein Publikum und womöglich auch sich selbst. Vielleicht verhielt es sich in meinem Fall nicht anders.

Wieso aber war meine Verzweiflung dennoch mit einem Mal wie weggewischt, obwohl die Situation doch nach wie vor dieselbe war?

Auf ein Anwachsen der Erkenntnisfähigkeit der Menschen in der notwendigen Geschwindigkeit hoffte ich nicht mehr. Auf ein Abnehmen des Egoismus der Profiteure des Status quo ebenso wenig. Einen Ausweg aus diesem Dilemma hatte ich auch nach jahrelangem Grübeln nicht gefunden.

Es gab keine Maßnahmen, an die ich so richtig glauben konnte, und keinen Weg, der mich überzeugt hätte.

Was war also anders? Vielleicht hatte ich dies alles nun zu Ende gedacht und die Ausweglosigkeit akzeptiert. Ich musste mir eingestehen, dass mir nichts anderes mehr zu tun blieb, als mich an jenen Aktivitäten zu beteiligen, mit der – relativ gesehen – größten Aussicht auf Erfolg. Sei sie auch noch so klein. Diese Projekte wollte ich nun mit all meiner Leidenschaft und all meinen Möglichkeiten unterstützen.

Selbst wenn dieser Kampf unter Garantie und zu 100 Prozent aussichtslos gewesen wäre, hätte ich ihn unverzüglich begonnen. Denn mittlerweile hatten sich drei Sätze in mein Gehirn gebrannt:

Wir müssen kämpfen.

Wir müssen sofort kämpfen.

Wir müssen gewaltlos kämpfen.

Immerhin war es nicht völlig undenkbar, dass wir Erfolg haben würden.

Wenn nicht, dann würden wir das sehr bald herausfinden. Wir würden unsere Fehler überdenken und uns sofort in den nächsten Kampf stürzen. (Zur Erinnerung: Wir müssen kämpfen!)

Die vielleicht wichtigste Schlussfolgerung, die Mahatma Gandhi aus seiner lebenslangen Lektüre der Bergpredigt und der Bhagavadgita, einer der zentralen Schriften des Hinduismus, gezogen hatte, bestand darin, dass wir unsere Aufgabe erfüllen müssen, unabhängig davon, ob wir damit unsere Ziele erreichen oder nicht. Genau diese Einstellung wollte ich mir von nun an zu eigen machen.

Die Repressionen, die ich in den letzten Jahren erlebt hatte, die Enttäuschungen und die zerplatzten Illusionen würden mir nun gute Dienste erweisen. Ich konnte ziemlich genau einschätzen, mit wem wir uns anlegten, wie gering unsere Chancen waren und was alles auf uns zukommen würde. Doch das konnte mich nicht mehr schrecken.

Ich würde von nun an meinen Propagandafeldzug für eine liebevollere Welt ohne Rücksicht auf Verlust durchziehen, unabhängig davon, was das für mich bedeutete oder ob die Welt sich dadurch schnell, langsam oder gar nicht veränderte.

Allerdings wollte ich dabei nie wieder meine Frau und meine Familie vernachlässigen.

Auch nach der irrwitzigen Achterbahnfahrt, von der ich hier erzählt habe, bleibt der Schlusssatz meines ersten Buchs *Das Wunder von Mals* also immer noch gültig. Jener Schlusssatz, den ich bei unzähligen Lesungen in unzählige Bücher als Motto und Widmung hineingeschrieben hatte: »Die Geschichte geht gut aus.«

Doch der Satz hat sich verändert. Man darf berechtigte Zweifel daran haben, ob wir den Kollaps der Biosphäre noch verhindern können. Was jedoch gut ausgehen wird, komme da, was wolle, ist unsere eigene Geschichte. Denn wir würden am Ende das Menschenmögliche getan haben und wir würden uns geliebt haben. Mehr konnten wir nicht tun.

Quellen

1 Neumeister, L. (2022): Wenig Vielfalt, wenig Fortschritt. In: Heinrich-Böll-Stiftung, Bund für Umwelt und Naturschutz Deutschland, Le Monde Diplomatique (Hrsg.) (2022): Pestizidatlas 2022: Daten und Fakten über Gift in der Landwirtschaft.

2 Williges, F. et al. (2022): Da schwimmt was mit. In: Pestizidatlas 2022.

3 Bär, J. (2022): Vom Winde verweht. In: Pestizidatlas 2022.

4 Ebd.

5 Bollmohr, S. & Haffmans, S. (2022): Drauf und dran. In: Pestizidatlas 2022.

6 Ebd.

7 De Roos, A. J. et al. (2003): Integrative assessment of multiple pesticides as risk factors for non-Hodgkin's lymphoma among men. Occupational and Environmental Medicine, 60(9), e11, https://doi.org/10.1136/oem.60.9.e11.

8 Van Maele-Fabry, G. et al. (2011): Residential exposure to pesticides and childhood leukaemia: a systematic review and meta-analysis. Environment International, 37(1): 280–291, https://doi.org/10.1016/j.envint.2010.08.016.

9 Van Maele-Fabry, G. et al. (2011); Bouchard, M.F. et al. (2011): Prenatal exposure to organophosphate pesticides and IQ in 7-year-old children. Environmental Health Perspectives, 119(8): 1189–1195, https://doi.org/10.1289/ehp.1003185.

10 Costa, L. G. et al. (2016): Neurotoxicity of pesticides: A brief review. Frontiers in Bioscience, 21: 1245–1259, www.imrpress.com/journal/FBL/13/4/10.2741/2758.

11 Umweltinstitut München e. V. (2023): Die Spritzhefte: Pestizide im Vinschgauer Apfelanbau, https://umweltinstitut.org/landwirtschaft/projekt-spritzdaten-aus-dem-vinschgauer-apfelanbau/.

12 Diverse Langzeit-Studienprogramme wie

- Agricultural Health Study (AHS); sie umfasst mehr als 89.000 Teilnehmer aus den zwei US-Bundesstaaten Iowa und North Carolina. Die Teilnehmer sind Landwirte, die Pestizide anwenden sowie deren Ehepartner und Kinder. Die Studie verfolgt diese Teilnehmer über einen langen Zeitraum.
- European Prospective Investigation into Cancer and Nutrition (EPIC); sie untersucht den Zusammenhang zwischen Ernährung, Umweltfaktoren, Lebensstil und Krebsrisiko bei über 520.000 Teilnehmern aus zehn europäischen Ländern.
- UK Biobank; sie sammelt die Daten von 500.000 Teilnehmern im Vereinigten Königreich, um die Rolle von genetischen und Umweltfaktoren bei der Entstehung von Krankheiten zu untersuchen.
- Japan Public Health Center-based Prospective Study (JPHC Study), sie untersucht den Zusammenhang zwischen Ernährung, Lebensstil und Krebsrisiko bei etwa 140.000 Japanern.

- Canadian Partnership for Tomorrow's Health (CanPath); sie sammelt Daten von über 300.000 Kanadiern, um genetische wie Umwelt- und Lebensstilfaktoren, die zur Entstehung von Krankheiten beitragen, zu untersuchen.

13 AgroPages (2021): Top 20 global agrochemical companies in 2021 ranked: All top 20 companies achieving robust growth,12 Chinese Enterprises Contribute to 40 % of Total Sales, https://news.agropages.com/News/NewsDetail---44255.htm.

14 Burtscher-Schaden, H. (2022): Copy & Paste. Pestizidatlas 2022

15 Ebd.

16 Arnold Schuler in einem Interview mit der Tageszeitung Dolomiten, Ausgabe Nr. 187 vom 17.08.2017, Seite 17.

17 FAO. (2016): AQUASTAT: FAO's global water information system, www.fao.org/nr/water/aquastat/main/index.stm.

18 IPCC, Masson-Delmotte, V. et al. (Hrsg.) (2018): Global Warming of 1.5 °C. An IPCC Special Report on the impacts of global warming of 1.5 °C above pre-industrial levels and related global greenhouse gas emission pathways, in the context of strengthening the global response to the threat of climate change, sustainable development, and efforts to eradicate poverty.

19 IPBES, Scholes, R. et al. (Hrsg.) (2018): Summary for policymakers of the assessment report on land degradation and restoration of the Intergovernmental Science-Policy Platform on Biodiversity and Ecosystem Services.

20 U.S. Bureau of Labor Statistics (2020): American Time Use Survey-2019 Results. Washington, DC, Bureau of Labor Statistics.

21 Umweltinstitut München (2022): SLAPPs – Ein Angriff auf Demokratie und Meinungsfreiheit, https://umweltinstitut.org/welt-und-handel/slapps-einschuechterungsklagen/.

CASE, Daphne-Caruana-Galizia-Stiftung, Greenpeace International, Amsterdam Law Clinics (2022): Shutting out criticism: How SLAPPs threaten European democracy, https://umweltinstitut.org/wp-content/uploads/2022/11/20220316_UIM_Bericht_CASE-report-SLAPPs-Europe.pdf.

22 Global Witness (2021). Last line of defence, https://www.globalwitness.org/en/campaigns/environmental-activists/last-line-defence/.

23 Umweltinstitut München e. V. (2023). Umweltinstitut veröffentlicht Pestiziddaten aus Südtirol – Europaweit einmalige Auswertung, www.ots.at/presseaussendung/OTS_20230125_OTS0004/umweltinstitut-veroeffentlicht-pestiziddaten-aus-suedtirol-europaweit-einmalige-auswertung-foto

Umweltinstitut München e.V. (2023). Die Spritzhefte: Pestizide im Vinschgauer Apfelanbau, https://umweltinstitut.org/landwirtschaft/projekt-spritzdaten-aus-dem-vinschgauer-apfelanbau/.

24 Süddeutsche Zeitung, www.sueddeutsche.de/projekte/artikel/wirtschaft/pestizide-apfelanbau-suedtirol-e469434/?reduced=true.

25 Das Umweltinstitut präsentiert auf https://www.instagram.com/p/CoMVQI-AuRz4/ einige der Schlagzeilen dieser Tage.

26 Chenoweth, E., & Stephan, M. J. (2011): Why civil resistance works: The strategic logic of nonviolent conflict. Columbia University Press.